U0114295

術理系列 4

知人善任

——五行人相面面觀

鄺爲 著

博客思出版社

目錄

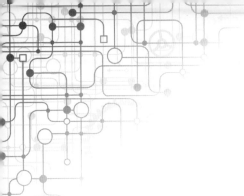

五行人相篇

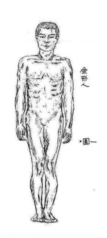

金形人

‧圖一

金、木、水、火、土五形人基本造形認識

金形人（圖1）

個性篇：金形人給人第一印象是方正白淨的樣子，看起來嚴肅、固執、不苟言笑，為人重義氣重實踐，對自己或別人都十分嚴謹服從命令，說話直而不阿，守法不渝，潔身自愛不貪逸樂。

做事講求整齊、清潔、固定、有魄力、毅力非常謹慎，凡事都自己來，不假他人之手，不通人情追求完美難免吹毛求疵，策劃能力強。給金形人一個良心的建議，要常微笑改進冷峻的外表才不易得罪他人所謂的犯小人。

造形篇：膚色較一般人白皙，骨架子不粗，臉方腮骨凸（頤骨較大了田字臉、面部上下左右寬窄誤差不大，平衡工整肩膀平其頭、身、手、五官均方正，嘴唇、眼皮、

金形手

手背較其他形人來的單薄，故有三薄之稱。

　　宜瘦不露骨，肥不露油，全身皮膚稍薄，尤其眼睛成單眼皮，理性不感情用事，但也不易早發成就稍晚。

　　手形篇：各個手指尖平長度差不多，指尖掌形都成四方形，肉不厚結實有彈性故稱四方手、工匠手、能幹手、本能手。觀其小腿部位常成弧形狀。

　　職業篇：適宜從事軍職、律師、建築測量、裱框、電腦工程師、幕僚策劃人才、精密工業、製圖、代書、外科醫生等。

　　愛情篇：喜歡衣著整齊清潔大方的對象，不會因取悅對方而花大筆鈔票，不善表達愛意，在他的感情世界裡沒有浪漫兩個字，一旦放下感情是非常專情的。

　　問路篇：金形人出門辦事向路人問路，好心的路人回答說：「依這個方向直直走就到了。」一路上金形人小心翼翼的走著走著，突然間路彎了，金形人就會有些意見認

為路人不應該說直直走，事實擺明著有彎路，但無論如何終會克服困難達成任務。

金形人如臉赤紅則火旺金熔或土太多形成土厚金埋一生辛苦難成，反之白中帶微紅（微火煉金），早年雖不太順遂，到了中晚年則辛苦中有收穫，再如外表皮膚稍黑肉多一點但不肥軟，即金生水那樣則為人更圓融完美。

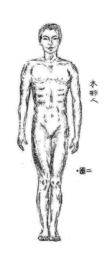

木形人

·圖二

木形人（圖２）

個性篇：為人仁慈有包容心，多思慮遇事憂柔寡斷猶豫不決，具有分析研究能力滿腹求知慾屬於知識性的，無心機重視精神生活忽略物質，唯美主義重質不重量，全身散發浪漫的氣息，時常自命清高孤芳自賞，難免剛愎自用，愛幻想易鑽牛角尖放不開，宜從事學術研究路線，如能對事業更積極一點將更好。

木形手

造形篇：膚色略青，身材修長，臉較瘦窄不失眉清目秀，背挺直腰細圓，鼻高而長身瘦不露骨，毛髮清秀精神足，其頭、手、面、身、五官皆瘦長，頭、眼、腹、耳、口均小又細長，故有五小之稱。

手形篇：掌小及手指均細長，骨節清楚掌紋多，肉少體能稍差，又稱學者手、哲學手、結節手、實務手。

職業篇：宜從事專門研究、作家、老師、醫生、學術文化事業等。

愛情篇：願意花錢表達戀愛中的心意，全身佈滿羅曼蒂克的細胞，講求氣氛溫柔，常憧憬自己是電影中的男主角，在不如意時戀人給予精神上鼓勵，很快的他又活過來了。

問路篇：木形人出門辦事向路人問路，好心的路人回答說：「依這個方向直直走就到了。」木形人先研究一下怎麼走比較近、走對路的可能性大不大，考量一番才行動，

時間花費比較長。

　　木形人如果不為小事計較並有黎明先生的一對火耳，將較早有發展，乃木火通明也。

　　皮膚略青黑，耳鼻帶圓厚，則水木相滋，文學出眾有成就。

水形人（圖 3）

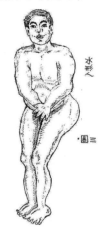

水形手

　　個性篇：靦腆害羞聰明反應快有智慧，好文學愛音樂，事情記得牢記性好，能言善道人際關係好，對美學更能欣賞但嫌耐力不足軟弱，缺少恆心毅力好逸惡勞，所以體形較其他形人來的肥軟。為人圓融易結交朋友鬼點子多，宜開創與公關之工作。

　　造形篇：膚色在五形中屬於略黑者，骨架子小而肉多，整體比例頭大身體小，下巴、眼皮、手背均圓厚有三圓之

稱，其頭、手、面、身、五官皆圓豐軟嫩，故又稱五肥、五嫩、五圓。

手形篇：手指上面（端）小、下面（端）大，若如無骨短肥像嬰兒的手一樣肥嫩，令人想親一親簡直太可愛了。故稱圓錐手、感情手、學術手，其掌紋細軟，如果拇指能強壯最好，因為拇指代表意志力。

職業篇：公關、人事、藝術、文學、外交、商、仲介、技藝，不宜從事勞力工作者。

愛情篇：永遠笑臉迎人，甜言蜜語讓您招架不住，表面溫柔體貼，內心裡不知打什麼如意算盤，點子多，跟他在一起永遠不無聊，屬於好色型，因為水與桃花、財是密不可分的。

問路篇：水形人出門辦事向路人問路，好心的路人回答說：「依這個方向直直走就到了。」水形人心想前面路不知好不好走且有點累了，乾脆坐個計程車去找，比較快亦不會錯，再利用他的三寸不爛之舌圓滿達成任務。

水形人膚色黑潤帶白潔之光，舉止靈活帶恬定氣度，為金生水早得名與利，最忌眼無神及氣色枯黃肉橫張太肥（土重）或色白如粉含金重，金多水濁災疾不斷，重則乏子嗣。

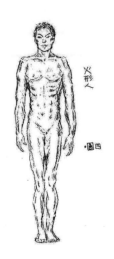

火
形
人

·圖四

火形手

火形人（圖4）

個性篇：為一位重禮節之人，外表安定，內心急躁但誠實，衝動行動敏捷，勇敢果斷身體健壯（不胖），活動力強好動坐不住，行事欠考慮不思而行一切做了再說，無心機一生起伏比較大易橫發橫破，早發要守成，積極但耐力不夠，適合從事武職、高危險行業。

現代人數火形比較稀少

造形篇：膚色紅潤，全身上下、左右寬窄比較不對稱，骨架子易露出表面（露骨），五形中算是醜的二形，頭頂、鼻頭、下巴帶尖號稱三尖，額、頭、鼻、面、口都尖銳，故又稱五銳。顴骨高凸，頭尖小臀大（下半身大）有點不成比例。

手形篇：手指長短差距大，指掌皆瘦柔細有血點紅紅的，稱心靈手、精神手、理想手，手相中號稱財運佳朱砂掌。

職業篇：適宜警察、軍職、火藥、潛水打撈、業務員、

廚師，女性宜走藝術、美容美髮等技藝路線。

愛情篇：外表彬彬有禮，內心熱血沸騰，情人交待之事馬上辦，偶而對您的服裝、化粧打扮等提供意見，讓您更明亮動人，處理感情事乾淨俐落，絕不會拖泥帶水、藕斷絲連，戀愛時間不長隨即步入紅地毯。

問路篇：火形人出門辦事向路人問路，好心的路人回答說：「依這個方向直直走就到了。」未經說完火形人已經先走一步向前衝去，走著走著路彎了，心想多走幾次錯路也能到達目標，辦事不管成不成在短時間內則辦好。

火形人最忌圓胖色黑（水重）則不順，如能聲音清越，瘦直露骨（兼木）就有成，做任何事前多方考慮那明日將會更好。

土形人（圖 5）

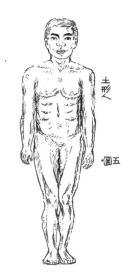

個性篇：為人守信用，體形厚實給人穩重踏實靠得住的感覺，善謀劃生活重實際少浪漫，做事按部就班少變通，刻苦耐勞內外均安定，獨立物慾重，不奉承阿諛諂媚，但有時難免一下子反應不過來，顯得遲鈍（非笨）。

語遲深沉，步穩神定，敦厚，龜毛，勞力工作能勝任，從事工商業均可，或平順的薪水階級。

土形手

造形篇：膚色略黃，骨重肉少結實，整體有橫張寬大感但不癡肥，背隆腰厚頭頂平，面、手、頭、五官皆寬大硬厚，鼻準豐隆，身、脖子、手指比較短，有三短之稱，所以在五形人中屬個子稍矮形。

因為土是介於金與水之間，故臉是方中帶圓的。

手形篇：手指掌形均厚硬且方中帶圓，腳掌也肥厚，手紋簡單俗稱創業手、敏捷手、篦形手。

職業篇：適宜公職、房地產、農業、服務業、工商屬勞力工業。

愛情篇：先有經濟基礎穩定收入再結婚，因為實際的關係比較死板沒情趣，帶女朋友吃頓飯選餐廳，不講求氣氛簡單扼要，最重要是要能吃飽，土形人食量大，嫁給他一生平穩。

問路篇：土形人出門辦事向路人問路，好心的路人回答說：「依這個方向直直走就到了。」土形人聽完說走就

走節省時間，再怎麼累也不會坐計程車，省一點心想就快到了，別人看其一副忠厚老實可靠的樣子，事情一定好辦。

　　土形人如果肥而露骨，浮筋色青暗（木重土崩），則易孤苦伶丁嚴重時減壽元，更不可水太多則土蕩，金多則土虛，最好是面色紅潤（兼火），使土氣不寒萬物滋長榮發，了生平順（火生土）是也。

　　以下圖為五形特徵一覽表以供參考：

土	火	水	木	金	人形
黃	紅	黑	青	白	膚色
	尖凸	圓軟	長	方	造形
信	禮	智	仁	義	特性
脾	心	腎	肝	肺	五藏
胃	小腸	膀胱	膽	大腸	五府
坤艮	離	坎	震巽	乾兌	八卦
中央	南	北	東	西	方向
唇	舌	耳	眼	鼻	發於
四李	夏	冬	春	秋	五時
鼻	額	下巴	左煩	右煩	五部
穩重踏實	燥急好動輕財	外恭內欺、不敬畏、行走身搖、圓通	勞心多憂	性剛靜悍行廉守法	個性

五形之相生與相剋

人是個有趣的動物，與機器不同的是他有感情、有思想、有溫度，五形也像磁鐵一樣有相吸及相斥的作用，稱之為相生、相剋。

木生火、火生土、土生金、金生水、水生木。

木剋土、土剋水、水剋火、火剋金、金剋木。

相信大家都瞭解，照字面上的意思相生是相合且互助的，那麼相剋在這裡需要加以解釋一下：

小時候，長輩謠傳的故事說：「某人的丈夫去世了，還說某某人是掃把星把丈夫剋死了。」現在回想起來簡直不可思議，此處的剋有幾種情況：

（一）與個人先天體質遺傳抵抗力差及心性、外來環境因素有關即後天失調而帶病延年所造成的結果。

（二）夫妻個性不合常生口角，使行為模式偏差，要知道心理影響生理，常生氣對肝不好會生病的，所以我們每天早上要向著鏡子對自己微笑，因為笑口常開好運跟著來。

（三）祖德差，因果關係而生意外。

如果兩人相剋則要聚少離多（兩人工作離很遠，一星期見1兩次面）或乾脆做有實無名的夫妻即可改善。

那麼既然相剋是孽緣（如土水相配），為甚麼還要結婚呢？以前人是媒妁之言，可能到結婚當天才看到對方長

相，所以無法避免。

現代人只能解釋為相剋是容易互相吸引互補性吧！如您知道請告訴我，好嗎？

不同的五形有不同的五官

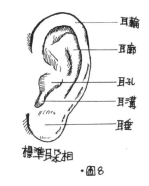

標準耳相

構造篇：

由內而外有耳孔（耳門了耳溝、耳輪、耳廓、耳垂看（圖8）耳孔大度量大，耳溝內長毛多福壽，耳廓代表自我性，耳輪代表社會性的，耳要提（耳朵有束起來的感覺），子午要正，耳垂表福氣朝海口，非朝天則太過，左耳屬金、右耳屬木（女反之），厚薄適中肉質硬，高度在於眉眼中央為標準。

分析篇：

常言道：「忠言逆耳。」是針對耳相差的人說的，耳相不好喜聽惡言（謠言、中傷他人之言）；反之，耳相好的聽進去皆善言（非討好阿諛讚美的話），善言聽多了耳濡目染心中自有善念，世界會更好。

相學上有說經常自我提醒修身養性，耳垂會變大，自然更有福囉！

代表篇：

1. 耳色比臉白名聲好，生意興隆。

2. 為福星：耳相好有福氣。

3. 看壽命：耳溝長壽毛腎水旺增壽。

4. 代表父母運、幼運，出生耳相好，八字有云此人美子助家，父母家庭運也漸好，體質遺傳好身健。

因看 1 歲至 14 歲運程。

重點篇：

1. 耳不可太大太小，配合臉的大小比例才是。

2. 耳廓不凸於耳輪且無瑕疵。

3. 貼腦耳（正面幾乎看不到耳）能聽八方，財運佳，尤其胖子更應貼腦耳命才長。

4. 色白於面聲譽好。

5. 耳大口小，49 歲注意，因耳垂朝海（口）嘴太小，河水氾濫。

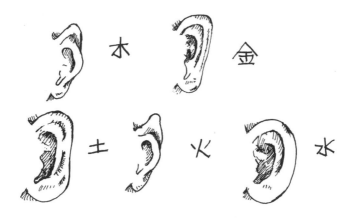

五形耳（圖9）

金形耳：肉平滿，子午正，肉硬體健耳不寬比較長，上面耳輪大（用腦筋屬思考型）。

木形耳：肉薄但質硬，耳小，耳廓凸出耳輪，耳垂小，主觀重，煩心勞碌。

水形耳：圓大軟厚，耳垂大貼腦耳，耳軟（耳根軟）體能差。耳垂大有福氣易胖。

火形耳：上端尖凸，廓凸，無耳垂，耳生的高，人機靈反應快，太自我，早發有幹勁。

土形耳：耳大寬肉厚硬，貼腦耳，身壯財運佳。水形人有土形耳則幼年辛苦。（土剋水）

眉頭　眉身　眉角　眉尾

標準眉相
・圖10

標準眉相（圖 10）

構造篇：眉分眉頭、眉身、眉尾，離眉頭三分之二處揚起微成角順長而下，首尾高度、寬窄一致，前後濃淡一致，根根見底（眉清）有彩光不油膩，眉頭代表心肺、眉尾屬肝、小腦相連，肝好眉尾必聚（聚財）（不是尖的，太尖則吝嗇），稱標準眉（龍眉）是也。

分析篇：

神相水鏡集有云：「藏精於骨，現精於眉。」骨表示眉稜骨即眉丘（眉毛裡面的骨頭順著眉微微凸起），看精神、威儀之所在，其人骨髓必優良，眉毛也細發閃亮瀛秀，文章出眾。

人往往高興時眉開眼笑，此處眉開是眉毛揚起來，碰上不如意事則眉頭深鎖，皺起眉來運氣相對不佳。

代表篇：

1、看個性的急緩，眉角高，眉濃個性急躁脾氣大一點不耐煩，反之則性緩內向愛靜。

2、兄弟宮：眉長於目而無瑕疵，兄弟姊妹感情好，互相幫助但不可太長，男性左眉代表男性親屬的人生際遇，右眉代表女性親屬的人生際遇（女性則反之）。

舉個例：我的好友某君，平常看其眉清目秀眉毛長的順，有一天忽然眉起變化，左眉眉身左右分開形成眉中斷，我問其家人是不是出事了，他竟然說：「哥哥開計程車被搶。」不幸言中，不是太巧合了嗎？

3、看壽命長短，眉長要蓋過眼睛不可比眼短，怕壽命不長，人命關天當然只供參考，要多看其他部位或看當時氣色才能論斷。

4、又名情份宮，看夫妻緣份夠不夠，眉長異性緣濃，人緣也好。

5、31歲到34歲運程，相學有云：「少年一輪眉，老年一林鬆。」眉相好有揚起則早有成就揚眉吐氣也。

重點篇：

1、眉要過目蓋過眼睛，尾聚平順顏色首尾一致。

2、根根見肉，不前濃後淡或前淡後濃，濃不可像潑墨一般。

3、眉要生在眉稜骨上，一般人眉尾易脫離眉稜骨的現象，失色不少。

4、退印：左右眉間隔一指半左右，但不宜太寬，器量大不計較易受騙，太窄則鑽牛角尖想不開。

5、眉角微微揚起做事積極，眉太直則性剛影響人際關係。

6、眉尾生出一、兩根長毛俗稱「壽毫」，應在 40 歲左右生出較好，象徵身健運好，如果 30 歲左右長出，代表提早老化，健康走下坡的情形出現。

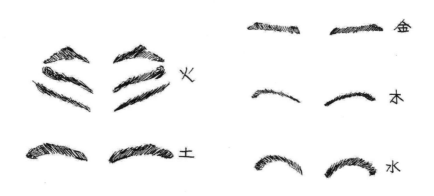

五形眉（圖 11）

金形眉：俗稱一字眉，濃黑過目，家庭觀念重，性直剛毅是一位實行家，不善察言觀色欠圓通，易與人起口角紛爭。

木形眉：細長而平順，眉有揚起成弧狀但不成角，待人溫和，和藹可親，聰明精幹，但不宜太彎則易情緒化感

情用事。

　　水形眉：形狀濃、彎、圓是其特性，眉尾壓到夫妻宮以致於夫妻緣份淺，水形人婚姻上較不易幸福，性格較消極。

　　火形眉：眉成三角形、往上起漩渦、往上尾尖細，凡向上尖捲、毛色黃均屬之，以下簡單說明：

　　1.三角眉：個性急躁不耐煩兇暴，眉尾尖節儉不亂花。口往上起漩渦:叛逆反抗心重，倔強與父母緣份少,宜武職。

　　2.往上尾尖細：性急易衝動，做事積極欠考慮。

　　3.土形眉：濃、寬、扁，做事有耐力重實際不愛幻想，但偶而有些遲鈍。

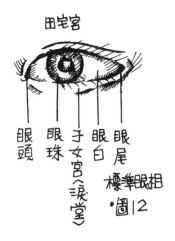

標準眼相（圖 12）

構造篇：

　　我們的眼睛前要有鈎圓後有刀裁，並有眼白眼珠之分，

眼上為田宅宮，眼下為淚堂子女宮，而眼睛及其四周與感情婚姻有絕對的關係。

分析篇：

俗語說：「眼睛是靈魂之窗。」從眼睛就能反映出其人內心的情愫。又孟子曰：「胸中正，則眸子瞭焉；胸中不正，其眸子眊焉。」眸子就是眼睛，觀其眼知其善或惡，嘴巴會說謊，但眼睛不會。

眼相好，眼睛清而不濁且睛足是可以補相之不足的。

代表篇：

1. 看精神：眼神弱神露了，沒有活動力電能不足，注意力不集中，易出事情而影響壽命。

2. 看財在眼：眼神要神藏（眼珠不亮）則聚財，衣食無缺。

3. 為情緣宮：因眼尾為小腦所分泌的內分泌系統與人的性衝動有關，四周有瑕疵容易形成多起感情上的糾紛。

4. 決定 35 歲至 40 歲的運程好與壞。

重點篇：

1. 眼形要細而長（非小眼睛），內雙眼皮，眼細則對事倩專注，事情看得遠，眼長則看的廣不會小家子氣，眼皮內雙感情及理智合乎中庸之道，做事更情、理、法面面俱到。

2. 要黑白分明，神強而藏能力強多才多藝。

3. 要看起來溫和友善，親和力夠，不露兇光（如三白

眼、四白眼）。

4.要有充足的睡眠及時常閉目養神的習慣，睡飽了神清氣爽，電力足眼神才會好，事事皆成。

五形眼（圖13）

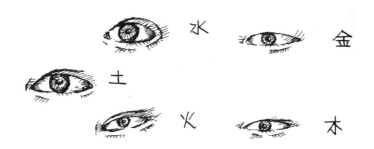

金形眼：神足、單眼皮，上下眼皮薄，其人理智重於感情懾重，淡情拿得起放得下。

木形眼：神足、內雙眼皮，眼形細小，如能長一點則是非常完美的眼睛。

水形眼：神足、內雙眼皮，上下眼皮圓厚，眼珠大又黑，學習能力強（非勞力），興趣廣但不易專精。

火形眼：神足、雙眼皮，眼尾向上，眼凸、眼珠黃色，眼白微紅色，為人情緒易衝動忍不住氣。

土形眼：神足、神藏多，內雙眼皮，眼寬不圓，眼珠褐色，眼白偏微黃，為人內斂。

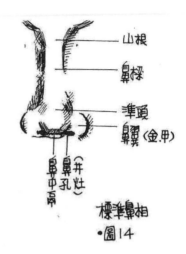

山根

鼻樑

準頭

鼻翼（金甲）

鼻中鬲

鼻孔（井灶）

標準鼻相
·圖14

標準鼻相（圖 14）

構造篇：

由上而下分山根、鼻樑（年上、壽上）、準頭、鼻翼、鼻孔（井灶）、鼻中鬲。鼻在五行中屬土故稱土星。

分析篇：

鼻要有肉高起配顴骨（社會助力）有無凸起及耳相好，更看耳朵前面的命門部位無鬚毛遮住，稱為耳鼻顴貫氣；還需看後腦是否飽滿，因為前山（臉相）好不如後山（後腦）好，所以說後腦也可補相之不足。

看相不要忘記看橫切面，也要配觀其他部位。

曾經看到某人，前面看一表人才面相不錯，但其後腦非常的扁平（可能是小時候都是平躺著睡），其人凡事欠積極。

山根表示對疾病的抵抗力強與弱、呼吸消化系統，山根低無祖產、體質差、注意力不集中，缺應變力，山根窄幼年不如意。

鼻樑高有強盛的生命力，準頭為自我經濟財（賺錢能力）、行動力及度量大小。鼻翼有紅血絲（赤氣色）則有破財相，鼻翼肉豐有力（不下垂）不露孔，理財聚財兩相宜。

吾偶而機會看別人的面相很好，聲相也不錯，唯一大缺點就是鼻歪了，在相中稱為「清中濁」，美中不足。

鼻歪其脊椎也彎，中心思想偏差，為人私心重，與父母不合，影響健康，建議鼻左偏，在吃東西時多用右邊細嚼慢嚥，可以慢慢的改善（人中偏了也是）。

代表篇：

1. 為財星，古人云：「問富在鼻。」鼻相好亮度夠則財進。為夫星也是妻星：支配著配偶的長相和賢能否。

2. 鼻高有自信不妄自菲薄。

3. 表示41歲到51歲的運程。

重點篇：

1. 鼻子要看臉形的大小而給與適當的大小，如果面大鼻小，一生勞碌不閒，體質差。

2. 整個鼻要高隆有肉，鼻翼有力，鼻孔看不見，無痣、傷、疤等瑕疵，財運佳。

3. 顏色佳但有黑頭粉刺，請清除乾淨，否則也是不守財。

4. 鼻孔毛長出鼻孔之外稱長槍，會破財須剪短，不可用拔的，怕細菌感染發炎（另二種說法：有時性慾強）。

5. 鼻中鬲有痣，注意腎臟保健。

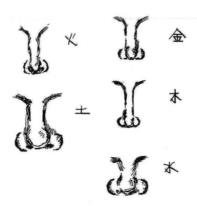

五形鼻（圖 15）

金形鼻：鼻直工整平滿不露孔，守財。

木形鼻：鼻瘦長肉比較少，重精神輕物質，如孔露則不聚財。

水形鼻：大、圓嫩、軟、肉多、孔不露、色明亮，則財運好。

火形鼻：鼻樑起節，鼻孔看得見，肉少鼻頭翹，對婚姻及財運均不理想（遇事喜追根究底）。

土形鼻：大而方圓，橫張而硬肉多，鼻孔不露，積極的堆積錢財。

標準口相（圖16）

標準口相（圖 16）

構造篇：

有小水星、口角（海角）牙齒、舌、上唇、下唇。 嘴五行屬水稱水星。輪廓要分明，牙齒整齊，開大合小，唇上有直紋（歡待紋有情），嘴角微朝上，時常笑口常開，好運旺旺來。

分析篇：

西諺有云：「病從口入，禍從口出。」由此可知嘴和健康有密切的關係，為人言而有信，人際關係好， 不是口是心非，信口開河，要給人有「妥當」的感覺，靠口相好平時緊閉（自然的閉不用力氣）也必須要齒齊來輔助。

常聽人説：你留點口德好不好，唇薄（太理性）嘴歪或唇有傷疤的人説話刻薄不好聽、少信用，應該多替他人著想三思而説，學學説話的藝術可以改善，要不為律師、代書等以須説話為職業會稍好。

看口相時要參看人中、左右臉頰、法令、下巴、耳朵等一起。

代表篇：

1. 稱愛情宮，觀看夫妻兩人晚年的感情生活是否和諧。

2. 看財運俗語說·「口大吃四方」口相好稍大（不可太大）做事更積極，有魄力成功率高。

3. 看健康：吃的動作要細嚼慢嚥，或是吃下去是否是有益的 食物，對健康影響甚巨。

4. 生活品質：相好生活力旺盛，精神生活及物質享受口福）達到很好平衡點。

5. 有無信用平時不說話時，嘴巴自然閉不是開的，齒也整齊，為人有信配觀眼相。

6. 表 60 歲的運程。

重點篇：

1. 口是元氣的大門要自然閉，為人有信用，反之意志力弱就像臺語說的「露氣」。

2. 唇形清楚，出生名門家世好，有此一說。

3. 厚薄適中，上下一致，嘴角微上揚（太上揚傲氣），自然閉齒齊沒有瑕疵則成格。

4 不論上下唇，唇內有不斷直紋，這樣才算重情義的好男子。

五形嘴（口）（圖 17）

金形嘴（口）：唇薄看起來工整，唇形稍方，嘴角微揚起，減其出言不遜。

木形嘴（口）：嘴唇細長，比金形唇厚1點，只要齒齊口相可加分。

水形嘴（口）：上下唇豐、圓軟齒齊，熱情、性衝動，平時口閉可克制。

火形嘴（口）：唇掀齒露不齊，若能牙齒加以矯正，時常提醒自己口常閉，好運會來的，不要忘記要有笑容。

土形嘴（口）：寬大厚硬，嘴自然的合，齒齊為人積極有信用，口大膽子也大有魄力，內心熱情似火，屬於悶騷形的。

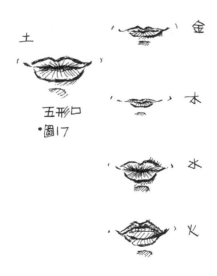

五形疾病

金病：（呼吸系統）肺炎、氣管炎、感冒、骨骼、牙齒、大腸、神經酸痛……等。

木病：（免疫系統）肝、膽、失眠頭痛（腦神經衰弱）、筋脈關節、手足……等。

水病：（循環系統）腎臟、生殖泌尿、糖尿病、中風、咽喉、扁桃腺……等。

火病：（內分泌系統）心臟、小腸、痔瘡、耳疾、腹部、胸部、高血壓……等。

土病：（消化系統）脾胃、子宮、皮膚、肥胖症……等。

五形疾病如您為木形人兼金多則可能有木與金的毛病多。

五形兼形（圖18）

隨著時代的進步，現代人漸漸的演變的更複雜，也就造成多形的組合了，但基本上要有一個主形（即全身中含最多的一形），包含少的為兼（帶）形，例如以金為主形，木、水、火、土為兼形，以此類推。

人在五形中是缺一都不行的，這樣才能算平衡完美，如果以木形為主形兼水、火、土缺了金形〔金形不能與木

形含一樣多，那麼則形成金剋木（自剋）。）在八字五形中補救的方法是取屬金的名字，或是買向西的房子，在五形裡可能是讓自己多一點金形優良的個性，如公正、謹慎、實行力、毅力等由心來改，比較不實際一點是使自己膚色變白一點及多穿白色衣服的方式來補救。

又如形成自剋的局面，土水平分秋色，因為土剋水，我們應盡量改水散漫的個性，勤快實際一點則相由心生，要不就是讓自己膚色白一點，土生金，千萬不要忘記多做善事，小善不斷，喜要怎麼樣的改進，應該再考慮工作環境而加以改善。

有一首歌「愛拚才會贏」，要贏是有條件的，必須流年好，相好運就好，再加身體健氣色佳，再拚才有拚的本錢，您說是不是。

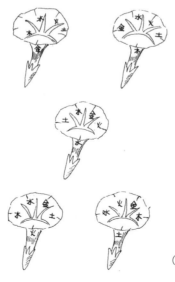

（圖 18）

五形形成的多種臉形

五形人可能臉形
·圖19

　　既然身為人有一種或二種的主形及兼其他的形，那就更形成多樣化的臉形。

金形人可能的臉形和適宜的工作（圖 19）

　　（一）正方形臉：臉形比較短，是正統的金形人。

　　個性：實行家，具領導慾、果決，難免古板一點。

　　工作：律師、會計師、土木、機械、測量、代書、企管、電腦、電器。

　　（二）同字臉：（金兼木）面白，身材修長，腮幫有力。

　　個性：性倔、具領導性，如臉有肉則一生平順，中年才有成就，因有金則成就比較晚。

　　工作：做房東、老闆、公務員、軍官、教師。

　　（三）由字臉：分兩種：

（木兼火） （木兼火） （木兼金）

木形人可能臉形
・圖20

1.（金兼水）：肉質稍黑軟，下巴方圓軟。

個性：行動派人緣稍好，工作不忘記娛樂。

工作：房地產、老闆、人事、珠寶、當舖。

2.（金兼土）：面稍黃，肉質結實，下巴有力。

個性：穩重踏實，有計劃信賴，能吃苦。

工作：五金、機械、電器、電腦、車行、醫療外科。

木形人可能的臉形和適宜的工作（圖 20）

（一）甲字臉：有兩種

1.（木兼水）：修長、五官如有水汪汪大眼睛、膚色稍黑軟。個性：聰明、靈敏、要求高（尖下巴了審美觀、神經質。

工作：老師、專門研究、學術文化、醫療（內科）、戲劇。

2.（木兼土）：修長、膚色稍黃、肉質結實。

個性：不喜愛束縛、嚴厲（尖下巴了有時遲鈍、重物質、審美觀。

工作：出版業、顧問、廣告、醫療。

（二）**目字臉**：比例上身材算修長，並非一定高。

個性：研究分析、好學、反應快，能計劃思考、聰明。

工作：做生意小商人、企劃、貿易。

（三）**八角形臉**：（木兼火）、（木兼金）臉形有稜有角。

個性：固執有耐力，做事井然有序（臉有角度）'但有時難疏忽大意（情緒影響）、保守不善交際。

工作：公職、體育用品、文具、維修、製造業、美容美髮業、業務。

（四）**六角形**：（木兼火）臉形只有顴骨部位最突出。

個性：善於保護自己，耐力、實行力，缺寬容心，愛管事，愛面子。在家一條龍，出外一條蟲，基本上愛家。

工作：文學教育、廚師、園藝、書店。

水形人可能的臉形和適宜的工作（圖21）

水形人可能臉形·圖21

（一）圓形臉：標準水形人

個性：樂觀不計較、聰明、缺實行力、依賴、人緣佳。

工作：外交、公關、文學藝術、錄音錄影帶、商。

（二）**短寬甲字臉**：身材算圓長（水兼木）。

個性：聰明、記憶好、對部屬子女要求高嚴厲、審美。

工作：美容美髮等技藝工作、自由業、徵信社、冰果店、貿易。

（三）**短寬由字臉**：（水兼竺膚色微紅、五官中有尖凸、頭頂尖或額尖小、其他圓大。

個性：耐力不足、人緣佳、父母無緣、婚不美（額尖窄壓迫奸門婚姻宮了意志力弱、有點急。

工作：文學藝術、音樂、觀光事業、玩具業、公關、房地產、仲介。

土形人可能的臉形及適宜的工作（圖 22）

（一）又方又圓臉：土形人本形。

個性：創造、獨立、耐力。

工作：工商、企劃、設計、農業。

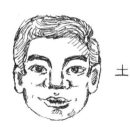

土
土兼火
土形人可能臉形
·圖22

（二）**由字臉：**（比水、金的由字臉稍長），有結實感，色黃，下巴寬有力，額在臉比例中最窄但不致於太尖。

個性：有耐力、人緣好。

工作：建築、代理商經銷商、介紹業、服務業。

火形人少此不加以介紹

五形人中木形人雖修長，但是並不是身材高的人就是木形人，他有可能兼木而已，例如金兼木則身材修長。

個子稍矮也有木形人（乙木），如名藝人黃子姣先生，不論臉形或身材比例，都是瘦長的。同樣的土形人壯胖、水形人軟胖，只要兼木身材一樣修長，只是不會有瘦的感覺而已。

所以，以此類推，現代人在五形中是沒有所謂的高矮胖瘦的。

您與他（她）合不合

適合的朋友

男女之間怎麼樣的來電才算是好呢？

五形中所相生的形在一起，個性上是比較合適的，不論是交朋友、合夥做生意都能皆大歡喜。

（金）＋（水）＝ 😊　　（木）＋（水）＝ 😊

（金）＋（土）＝ 😊　　（土）＋（土）＝ 😊

（木）＋（木）＝ 😊

　　金形人和水形人：水形人是主智的，人際關係好，能言善道，他是負責對外的，金形人著重在企劃、實行力能夠互相配合。

　　在感情方面：金形人不懂得去表達愛意，不會甜言蜜語，個性剛直，水形人比較圓滑一點，能疼愛對方，配的恰到好處。水形人在百忙之中是不會忘記慰勞自己娛樂一番的。

　　金形人和土形人：土來生金，金受土的助力，人財兩興旺，金形人的實行力和土形人的實際兩者均能吃苦耐勞為理想而打金形人如能兼水稍圓融一點，土形人能臉帶微紅（兼火）讓土溫暖起來則更加吉利。

　　前面有說過土厚金埋，那又要怎樣去解釋它呢？

　　在五形中，金有庚金辛金之分，木有甲木乙木之分，水有壬水癸水之分，土有戊土己土之分，火有丙火丁火之分，其中庚金的局要大於辛金，庚金的金的個性成分比辛

金更明顯，也就是更純的金，個子也稍高大於辛金，以此類推。在此書中不做細分是怕讀者混淆更加不清楚，就像西洋星座只要知道是屬於什麼星座即可，再探討下去則有，您的月亮是在什麼星座、火星是在什麼星座……等等，均能影響您的個性。

如果讀者有興趣想深入瞭解，非常歡迎能互相切磋。

所以「土厚金埋」是指辛金和戊土，金被埋在厚土中木形人和木形人：兩者趣味相投、意見相合，不易起紛爭，過著脫俗的生活，比較重精神，不會銅臭味太重，但是生在現實的社會，物質上有時必須照顧到一點，是不可能只要愛不要麵包的。

木形人如果能兼點水，增智慧及開創力，那樣兩人則明日會更好。

在感情方面：天天羅曼蒂克，在精神上過著神仙般的生活，哦！真美好。

木形人和水形人：水生木，木得到水的滋潤才能日漸長大。外形上應該是瘦胖配的。

但是壬水和乙木就形成水多木漂，因為太大的水災灌木（乙木是很容易被沖走的）須要甲木來配癸水，高大的喬木（甲木）根紮實是不怕小水災的。

在感情方面：木形人偶而鬧情緒，水形人不計較對其退讓三分，兩人吵不起來，共進溫柔鄉。

（木）　＋　（土）　＝　☹　　（金）　＋　（金）　＝　☹

（水）　＋　（水）　＝　☹　　（金）　＋　（木）　＝　☹

（水）　＋　（土）　＝　☹

　　土形人和土形人：兩人都是屬於實際形，能吃苦中苦，方為人上人，會創造一番好事業。

　　如果兩人能兼金或兼火及兼其他形少許，那將更是完美的一對。

　　感情方面：兩人忙於事業發展，沒有休閒的一面，缺乏生活上的情趣，如能偶而放鬆一下，步調變慢及注意脾胃的保健，會發現世界是美好的。

不適合交往或合夥的人

　　五形中相剋的形在一起是比較不恰當的，不論是交朋友或合夥做生意，容易起糾紛，皆不如意。

　　金形人和金形人：兩人均屬於性倔，剛硬缺乏柔性，互不謙讓，容易起紛爭。

　　金形人和木形人：因為金剋木，兩人一言不合容易有口角，要知道生起氣來是多麼的傷肝呀！

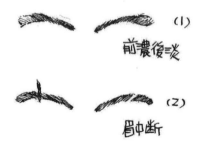

前濃後淡 (1)

眉中斷 (2)

木形人和土形人：木剋土，土的一方情緒不佳影響身體健康，連帶影響其事業發展。

如果乙木和己土兩人均稍矮而比較不會互相激怒則稍好一點。再如乙木和戊土，土根基穩那更好。

水形人和水形人：兩者對事情不積極而散漫，互相推脫，不可共患難，對婚姻、身體、子女均有不好的影響。

如果能兼金或兼木則事情好辦一點。

水形人和土形人：因為土剋水，兩人感情不好，帶水多，桃花多，把持不住容易有外情。

兩者如能兼金即金生水，土來生金，中和一下，則稍能努力於事業上，吵架機會會少一點。

不宜與人合夥特徵（圖 29）

（一）眉尾不聚，稀疏者：做事毅力不夠，而且也不聚財做會頭怕被倒會。

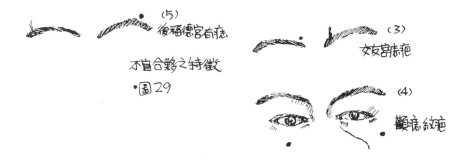

（5）後福德宮有痣

不眉合夥之特徵

•圖29

（3）
交友宮痣疤

（4）
顴痣紋疤

（二）眉毛中斷或眉中有疤、眉前痣均是屬瑕疵：家人無助力，也無貴人提拔。

（三）交友宮部位有痣疤：容易受朋友拖累，前一陣子，某友人在 31 歲走眉運時，好朋友竟然抄襲他的論文，再加以翻版，不巧的是某友人在左眉上方交友宮有一黑點。

（四）顴側痣，顴內痣，破顴紋：在錢財生活上易受家人拖累，如親人倒會受牽連，或家人生活上要花金錢、時間上的支援等。

顴內痣：合夥生意被坑了或借錢給朋友拿不回來。

破顴紋：顴骨也代表權勢，破了也就失去權力，家人無助。

（五）後福德宮有痣：這部位代表未來財，與祖上積德自身修持有關係，福薄則小人為害，破財有之，要心存善念，心情愉快，自然好運跟著來。

3D 立體人相篇

3D 立體人相面面觀

陽相陰相

陽相：陽代表左邊、男性，男人要像個十足的男人，女人要像個完全的女人，男女面相標準者均屬之。

陰相：陰代表右邊，女性，例如男人在長相上，或行為動作個性上像個女人，反之，女性像男生，女性男聲，男性女聲，或臉的部位有明顯傷疤，尤其額上的大疤、大痣，均屬陰相。

陰相之人要走異路比較好，即一人事業，自己代表所有員工，或走演藝、醫療、法律有關的事業，比較妥當。

觀相法則

觀察一個人要像畫一幅畫一樣，面面俱到（整體美），包含內外的形、神、氣、色，及全身上下前後左右均要參考（包括手），不可侷限於看一張臉（看臉也要看正面、側面、後腦、整個頭形）。

常聽人讚美某人好看，不愧是俊男美女，所謂好的相，並不一定是樣子生的好看的俊男美女（往往有尖下巴，對於老年運有影響的），而是看起來舒服眼神善稍為有肉（人緣佳）但不是太胖

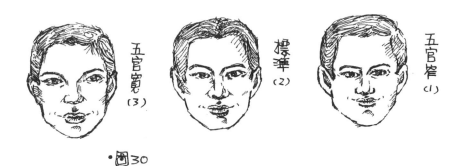

圖30

五官距離（圖30）

1. 合乎中庸標準的五官距離：

眉與眉之間一指半寬，眼與眼之間一眼寬，人中要深且適當長度，上小下大，要直不彎曲，眼平視，眼珠內側畫一直線往下則是口角位置，為唇的大小，厚薄適中。

2. 五官距離窄：

一眼望去，五官擠在一起不舒坦的感覺，為人思慮多容易猶豫不決，鑽牛角尖愛計較，保守開放不開，凡事不要想太多才是且不要忘記笑口常開，如果眉常深鎖則五官那就更擠了。

3. 五官距離寬：

看起來怪怪的，鼻子容易塌（不高），為人沒有害人之心機（眼神要好），度量大，鼻低缺自信，不堅持，所以也容易受騙上當，如果眼頭的部位能稍長，則能稍加多思考一下才好。

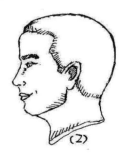
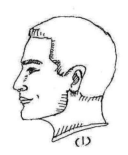

(2)　　　　　　　　　(1)

側面個性（圖 31）

1. 標準側面：側面看眉、眼、鼻、嘴、下巴，形成一直線，理性、感情達到平衡點，思想行動恰到好處。如果下巴能稍為凸一下，做事積極增其實行力更佳。

2. 額比下巴凸：額頭特別飽滿寬廣、無瑕疵，則容易得到長輩的提拔，聰明記性好，考慮周詳，適合企劃、領導力強，但人緣差一點，做事人性化一些稍好，容易有特殊成就。

3. 額與下巴均凸，中間部位低（鼻子低）：外表溫和，內心堅定，鼻低則耐力不足，思想行動審慎固執，注意小細節。

4. 下巴比額鼻凸：個性比較急躁，積極衝動行動派，欠考慮，也沒耐性，屬於嘗試錯誤型。

5. 中間部位（鼻子）特凸：思想敏捷，積極自信，常憑直覺判斷事務，不居小節，容易衝動欠耐性，（顴骨平

滿）社會助力，偶而情緒化，屬實力派，額與下巴雖後縮，
能寬廣則補相。

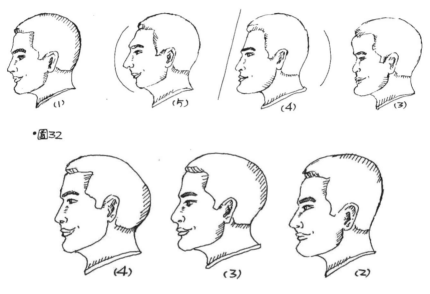

•圖32

後腦凹與凸（圖 32）

1. 標準的後腦：圓順代表一生平順運勢強，無起起落落，凸代表那時積極，對事情有野心。

2. 上後腦凸（早發格）：表示早年運程好，受師長提攜重視，自己也努力，考運佳，好的開始則有成功的一半，注意中晚年要守成。

3. 中間後腦凸（中發格）：在青少年時多多學習打穩基礎，到了青壯年時期，抓住機會好好拚，同樣也要注意

守成。

4.下後腦凸（晚發格）：中年以前，總覺懷才不遇或心無野心，到中年後，才想創一番事業，運勢也轉佳，晚年辛勞有成，把握住人生最後的機會。

流年法

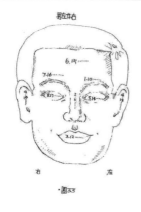

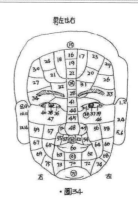

・圖33　　　　　　　　　　　・圖34

九執位流年法（圖33）

九執位乃是，左眉、右眉、左眼、右眼、左耳、右耳、額頭、鼻、口九個部位來看流年運勢好與壞，但也要配觀氣色一起做參考。

如果此九個部位無瑕疵生的好，那就要以下面的一般流年法為主要參考，而九執位只是配觀。九執位流年法中九個部位其中有一個有瑕疵（即傷、疤、凹、歪斜、痣

斑……），則要以九執位為主要參考之部位，一般流年法
為配觀。

例如：男右眉（女左眉）有疤痣等缺陷，則 7、15、
25……，要特別注意破財或身體、挫折等事件發生，那時
則要保守不可強進。

男左眉（女右眉）為－，每－次加九即是：（男左女右）
左眉：I、10、19、28、37、46、55、64、73、82。
鼻子：2、n、20、29、38、47、56、65、74、83。
嘴巴：3、12、21、30、39、48、57、66、75、84。
左耳：4、13、22、31、40、49、58、67、76、85。
左眼：5、14、23、32、41、50、59、68、77、86。
額頭：6、15、24、33、42、51、60、69、78、87。
右眉：7、16、25、34、43、52、61、70、79、88。
右眼：8、17、26、35、44、53、62、71、80、89。
右耳：9、18、27、36、45、54、63、72、81、90。

一般流年法（圖 34）

例如：看 48 歲時在準頭，鼻頭有肉，色彩光潤，鼻翼
有力，孔不外露，沒有痣、紋、疤等瑕疵，則再加上顴骨
平滿有勢，運程一定好，財源廣進，如果 49、59（鼻孔露）
財守不住，則 48 時不可投資太大，見好就收，或是買不動
產防止破財。49、50 時更要保守，不可再激進。

三關四隘

在此特別需要注意七道關口（即您人生七個轉捩點了那就是 15 歲、25 歲、35 歲、41 歲、51 歲、61 歲、71 歲。七個部位生的好，平滿無缺陷，色彩明潤，那您的一生則非常順遂。

15 歲（天中）時受家庭、個人遺傳、心理與生理的影響甚巨，25 歲（正中）步入成熟的青年時期，對社會充滿好奇心 35 歲（男左眼頭，女右眼頭）為進入社會打拚時期，41 歲（山根）對舊事業加以成長，或者是重新再出發時期，51 歲（人中）使事業更上一層樓時期，但是身體也開始進入老化的年代，人中相理不好，51 歲注意身體的保健，特別是下水系統，61 歲（承漿）要面對事業的成與敗，及如何守成，71 歲（下巴）為一生收成期，同樣的要注意身體的保健，享受清福的時候來臨了。

十二宮介紹（圖 35）

1. **命宮（印堂）**：位於兩眉之間，為人精神、思維之所在，平滿如鏡，色黃明，寬度一指半至二指之間是為標準，能趨吉避凶。

命宮代表著呼吸系統、人際關係、家人和自身的現實

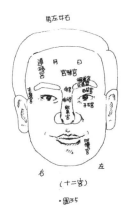

男左女右

遷移宮　月字宮　日字宮

右　　　左

（十二宮）

．圖35

運（現在運程了即希望能實現否有很大的關係，重病在床，只要命宮黃明則病情轉好，不愧是我們的養命之源。還有不可忘記的是它與我們的錢財也有關哦！

　　古代的戲曲中，時常聽到某仙人說：「您印堂發黑，大難將要臨頭了。」可見命宮氣色不佳嚴重時，可能危及生命。

　　舉個例子：某名人，年紀輕輕則香銷玉殞，去世之前的最後幾次錄影，雖然濃粧上電視，但還是看得有四個部位顯現出來，其一：印堂發黑延伸到山根有青黑之氣色，其二：田宅宮靠近尾眼尾的部位生一顆大的青春痘，表示生活不安，配偶口角，其三：奸門夫妻宮靠天倉部位也有青黑之氣色，其四：眼睛有「可憐氣色」，人受委屈時的眼神及夾雜的淚水了綜合以上，不久她就去了。

　　所以色黃明財運佳，運氣也好，心想事容易成，如果赤氣色（起紅疹或青春痘），則防口角生氣及注意行車安

全，最好不要有黑氣，則災禍就要降臨了。

不皺眉時，命宮就有直線，稱「懸針紋」，或者是青筋浮出成直線也算，個性急躁了點，容易與長輩或友人不和睦發生口角，其人最好走個人事業，如果旁邊生出支線或下方山根部位有橫紋出現，就能緩和一點。

命宮寬度太窄時，則個性容易鑽牛角尖愛計較，猶豫不決。太寬時，度量大，缺主見，容易上當吃虧。

命宮相理不好時，就要多修心，樂觀開朗一點，該放的要放下，不要太壓抑自己的情緒，如能如此，您將會愈來愈英俊漂亮的。

2. 兄弟宮：眉毛，前面已敘述。

3. 田宅宮：位於眉毛與眼睛之間，寬度約一指到一指半之間，能平滿無瑕疵色明潤為其標準。田宅宮代表：環境住家安定否、消化系統、異性緣、住家房子大小、聲望及祖產有關連。包括配偶財、夫妻感情。

太窄時（西方人差不多均太窄），有研究進取心，做事積極，難免太急無耐心一點。太寬時，比較沒有進取心，不善理財，早熟容易早婚，沒主見。

看田宅宮要配觀眉、眼、奸門、夫座、妻座（山根的兩旁）。

4. 福德宮：位於眉上方，分為二，靠近眉頭的稱內福堂，近眉尾處稱外福堂。內福堂與目前的財運有關，外福堂和未來財（老年財）有關連。

代表著祖先和自己的福德，相理好明亮無缺陷，一生平順，人財兩興旺，如有瑕疵，則祖德或自身的品德不良，一生勞碌多，收穫少。要不就是無法繼承祖業，全都需靠自己打拚。

5. 疾厄宮（即山根）：前面已經介紹過。

6. 夫妻宮（妻妾宮）：位於眉尾眼尾處，包括眉尾斜上方（天倉）又稱奸門。

眉尾部位與肝臟有關，是小腦及性慾發情中樞相連，故稱妻妾宮。

奸門要平滿顏色好，無痘痕、凹、疤、痣為理想。

眉尾不聚則不聚財，眉尾低壓於目、三角眼和眼尾（即魚尾）剪刀紋（即燕尾紋）均能使婚姻不美滿。

婚姻像做生意一樣，是要好好經營，互相謙讓的。妻妾宮相理好的能得到男賢女貴的配偶。

有一天，有一友人的老婆身懷六甲，看其眉尾斜上方生一顆青春痘示氣色了結果老婆前幾天不舒適，花了點小錢了事。

類似的事件也發生在本人身上，一天的上午突然也在眉尾上方靠近天倉的部位奇癢無比，出現紅斑（赤氣色）結果收到了封掛號信，打開一看是老公高速公路超速被罰款三千元，繳費日期在即，因此當天損失了配偶財，當然也打心裡面不怎麼高興，但心想已成事實無法挽回，也就算了，免得傷肝。

7. **子女宮（男女宮）：** 位於下眼瞼之處，微微凸起，又名淚堂、龍宮、鳳袋。應該平滿色黃明。

代表：自身與子女的相處情形，又為心腎之交，與腎臟有密切關係，所以男女間的行為正常否，及個人心態是否正確，均息息相關。

相理好則子女、老婆一家和樂，如出現橫紋則與子女的緣份淺，與子女之間的感情有像沒有一般冷漠。

如果眼睛四周青黑色，則要注意腎臟的保養、家庭失和口角及本身桃色之事，但也有可能是睡眠不良所引起而發生的情況。

8 **宮祿宮（事業宮）：** 位於印堂以上的額頭中央部位，飽滿似覆肝狀，色明潤，無瑕疵為標準。

其代表吾人遺傳的腦組織優良否，包括記憶力、思考能力，靠它才能明辨是非，及對事情的反應力之速觀看學業和能否得到長輩的賞識。

相理好的則健康聰明，相理壞者縱有才華也是無機會發揮所長，一生容易勞多獲少。適宜學習專門技術或個人事業。

額相過高者，聰明能幹，事業心強，但自尊心也強。

9. **父母宮（日月角）：** 是在額頭上兩個稍凸的地方，必須平滿微凸，色明，無傷、疤、痣為其標準。

男左邊（女為右邊）為日角代表父親。

男右邊（女為左邊）為月角代表母親。

相理的好壞直接影響父母的身體健康，側面看額頭傾斜則日月角也跟著偏斜，那就自小與父母緣份淺。

如果日角比月角相理差（有瑕疵）那麼父親的身體比母親虛弱，嚴重時則父親先去世的可能男日角即女月角了反之亦是。

相理不好者，適宜出外發展，別忘了多注意父母健康及多盡點孝道。

10. **遷移宮**：部位在日月角外側、天倉與髮際之間，色紅黃（包括髮際）無瑕疵，利於一切變動。

遷移宮代表職業的變動、出差、旅遊、投資等吉凶，低陷者，職業不安定，可能對工作不滿意，還要注意車馬安全，尤其氣色灰暗時，最不利於遠行。

額頭窄者，婚姻不美滿，更不利於出外。

11. **奴僕宮（部屬宮）**：在法令內的左右嘴角之下，飽滿色明朗無凹陷色黑為其標準。

代表著部屬的向心力及子女的身體健康有關，相理好，部屬得力，能知才善任，向心力夠，領導有方。

本部位與消化系統及老年運也是息息相關的。

有惡紋、惡痣、色灰暗者則不宜做老闆，子女也可能溝通不良（太寵溺）。加上口相不好，說話無法使人信服。

有一天，我在美容院看到一位看起來很福氣的婦人，他的奴僕宮部位有赤黑色彩，問其子女最近可好，婦人回答說：「我的兒子前幾天出車禍，還好的是命保住了。」

聽完我傻住了，不知如何是好，只好盡力安慰她，別無他法。

12. 財帛宮（即鼻子）：先前已敘述過。

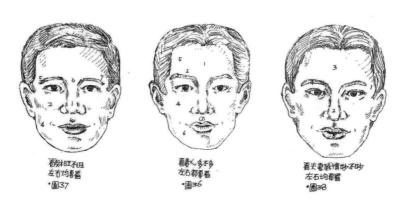

看財旺子旺
左右均要看
·圖37

聽貴人多不多
左右都要看
·圖36

看夫妻感情好不好
左右均要看
·圖38

觀看貴人多不多（圖36）

1. **額頭**：長輩及配偶助力。

2. **福德宮（眉上方）**：又稱貴人宮工輻厚自助人助

3. **眉毛**：眉長過目，根根見肉，無中斷、疤、痣等。

4. **雙顴**：社會助力及配偶扶持。平滿無瑕疵。

5. **遷移宮**：出外有無貴人及順遂否。

6. **奴僕宮**：部屬子女有否助力。

7. **人中**：步入晚年有沒貴人助。

觀看財旺不旺（圖37）

1. **鼻相好**：財不旺也難。

2. **顴骨**：平滿無缺陷，權力的象徵。不可太凸起。

3. **耳朵**：耳相好，色比臉白，名聲好，生意好做。

4. **整個臉形豐隆**：人際關係好，人氣旺。

5. **順的八字眉（兩眉有點斜向下）**：一切採弱勢不與人爭。

6. **印堂寬**：凡事不會太計較，生意才興旺。

7. **後福堂**：代表妻財、未來財，加上神藏（黑眼珠不光亮）。

觀看夫妻感情妙不妙（圖 38）

1. **奸門（夫妻宮）**：應該包括田宅宮、淚堂（子女宮）、夫座、妻座，相理好夫妻感情一定好。

2. **鼻子（財帛宮）**：代表自己，也代表配偶。

3. **額頭**：配偶有無刑剋。

4. **眉毛（情份宮）**：夫妻緣份夠不夠。

5. **口相**：為愛情宮，代表老年時感情和睦否。

6. **人中**：與夫妻運有關。

觀看人際關係好不好（圖 39）

1. 臉頰飽滿笑口常開。

2. 印堂寬度量大。

3. 口相好口角向上自然閉，為人有信用。

4 眉長順稍向下（弱勢）。

5. 眼神溫和。

 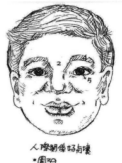

子女和自己關係
·圖40

人際關係好與壞
·圖39

觀看子女和自己相處佳不佳（圖 40）

1. 子女宮（淚堂）：代表與子女相處情況能不能溝通。

2 人中：鼻與口之間的溝，人中也代表子宮，出娘胎前的住所與子女遺傳有關係。

3. 奴僕宮（部屬宮）：觀看子女和部屬與自己相處愉快否，更代表其際遇運程好壞。

三停篇

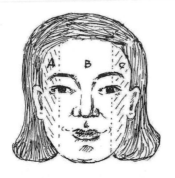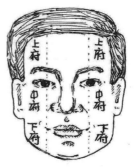

標準男女臉（恰恰好）

男的臉要骨頭稍明顯，即骨多於肉。女的臉要肉包於骨，骨頭不明顯即肉多於骨。六個府長度寬度要均等另女同了一生平順。

A與C區表現家庭及個人穩私方面之事覓女同了B區正面表示外表行事的運程（男女同）。五官要合乎標準，氣色明潤，最好在中年以後有雙下巴，表示其個性轉緩，度量比原先大一點，補相之不足。

古畫字．「男重天庭，女重地閣。」身為文明的現代人，不管男女，天庭（額頭），地閣（括下巴、頤、腮）都是一樣重要的。

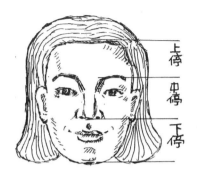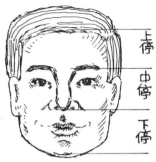

臉的三停

標準的三停應該長寬一樣略為飽滿為其標準。

表示人在一生中的三大階段，三停好則運程一生較平順。不可有任何一停太寬長、差距大，那麼就會影響壽命的。

上停表示初運（15 歲－30 歲）時期，個人智力遺傳、求知慾、理解能力、父母的運程、有無長輩貴人提拔、領導能力，及配偶關係有無助力，均可由該停瞭解。

中停表示中年運（31 歲－50 歲），看其天生的直覺力、實行力，運動細胞夠不夠（眉稜骨），及兄弟姊妹親戚家庭關係有無助力（眉毛），同事之間相處，社會適應能力（配觀印堂即命宮、顴骨）錢財能否儲存（眉毛、鼻），及自我的期許強烈否（鼻子）。

三停中有傷、疤、痣、紅等瑕疵，代表那一時期不順遂。

上中直線下斷續

上中直線下無紋

上停額紋
●圖43

臉部的上停

先介紹額紋：額紋是將額分三等份。圖43

1. 上顎紋：代表長輩提拔賞識有無助力。

2. 中額紋：代表同輩（同事、合夥人）的助力。

3. 下額紋：表示下屬或子女有助力否（包括配偶）。

額紋直線不曲不斷為佳，左右兩端稍往上更好，如果上、中、下皆斷續不連接或彎曲不直，則一生多勞碌，靠自己。

額紋30歲以後出現為吉，如果一、二十歲出現，則少年勞碌，想的太多，煩憂重。

上、中為直線，下為斷續不連接與下無紋是一樣的效果，圖44。

表示受到長輩重視提拔，同事（合夥人）間亦相處愉快互相扶持有助力。

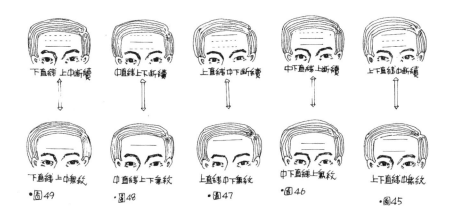

下直線 上中斷續　中直線上下斷續　上直線中下斷續　中下直線上斷續　上下直線中斷續

下直線 上中氣紋　中直線上下氣紋　上直線中下氣紋　中下直線上氣紋　上下直線中氣紋
•圖49　　　　　•圖48　　　　　•圖47　　　　　•圖46　　　　　•圖45

上、下為直線，中間無紋或斷續。（圖45）

表示長上與部屬配偶得力，但同輩則無助力不宜合夥。

中、下為直線，上面無紋或斷續。（圖46）

表示能得到同業間與下屬配偶的幫助，但是不得長官的重視，可以做生意。

上為直線，中下為斷續或無紋是同樣的情況。（圖47）

其代表初入社會能得到長輩提拔，適合上班族，但其他皆無助力。

如果鼻顴耳相理好則一樣有成就。

中為直線，上下為斷續或無紋。（圖48）

代表著同輩或同夥人有助力，宜合夥開股份有限公司。

但不宜有（與人合夥的特徵）為吉。

下為直線，上、中為斷候或紋。（圖49）

表示可以做直銷工作，能得到部屬子女以及配偶的幫助，或無後顧之憂能全力衝刺。

接下來就上停的造型來加以分析：

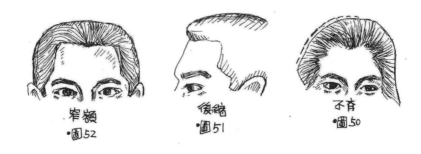

窄額
•圖52

後縮
•圖51

不齊
•圖50

髮際不整齊汗毛重：（圖 50）

青少年時期，脾氣拗，不聽勸，有小聰明，但怕不用在正途上，從小父母感情不睦，或家庭環境不好，要不然則是有什麼變故發生。

側面看額，上面往後縮：（圖 51）

從小與父母緣份淺，個性比較急躁，不夠理性，但是行事敏捷，如眉骨能凸起則精力旺（適合當運動員），做事積極容易成功（我不認輸型），藝術造詣深。

窄顯：（圖 52）

度量稍小與臉形瘦同，如果額頭能高一點能補額相，小時候環境清苦，因為壓迫到奸門（夫妻宮），所以夫妻刑剋緣份淺，要不常有口角發生。

尖M字額
‧圖55

圓M字額
‧圖54

美人尖
‧圖53

美人尖：（圖53）

額上面天中部位有一點毛髮尖凸出來，稱美人尖沖印堂（命宮）影響現在運勢，也與父親比較無緣，可能與父親相處好，但父早逝或體弱。

圓 M 字額：（圖54）

有獨創力，想像研發，善於企劃設計，很好的幕僚人才，不要走幕前工作，不善理財（帶金則稍好）為人固執一點，富有藝術天份。

尖 M 字額：（圖55）

主人感覺敏銳，思想縝密，也適宜從事藝術工作者，為人細心任性，其幼小即嚐盡苦滋味。

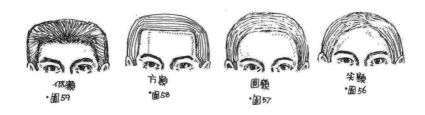

低額
・圖59

方額
・圖58

圓額
・圖57

尖額
・圖56

尖額：（圖56）

個性依賴，守本分，比較沒有領導力，安於現狀，為人隨和，服從性高。

圓額：（圖57）

額成半圓形狀，協調性及智慧亦高，為人溫和，從事協調工作能勝任，男事業易有成，女則婚姻常不美滿。

角額（方額）：（圖58）

標準男性額，有志氣，聰明智慧，能幹固執，事業心重，個性剛強，可從事政治、科學、實業、研究發明等。

低額：（圖59）

智慧慢開悟，內向，不善交際，應變能力差，有時難免叛逆一點不聽人勸，如果額能寬廣一點也可補救，宜出

日月角
・圖60

外發展。

關於額的氣色方面舉個明顯例子：

幾個月前，某一同事額頭氣色，一句成語形容，那就是昏天暗地，即我們時常聽說的「烏鴉集天庭」。

額頭氣色一大片灰黑之氣，買了新的進口車隨即出問題，一會兒車零件不對勁，一會兒油箱漏油，時常和廠商交涉，最後嚴重到要補錢換新車的地步，真是衰到家了。

事情結束後，額頭那團黑氣也慢慢退去了。所以說氣色對於流年現實運是很有幫助的。

以下圈內部位如有痣、傷、疤、凸、凹、痘、斑，為缺點，如色彩明亮、粉紅、平滑為佳。

日月角：（圖60）

日月角間距寬者有藝術涵養，對於美的事物有興趣。

日月角間距窄者研究分析能力高。

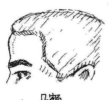

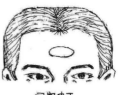

凸額
・圖63

遷移位
・圖62

司空中正
・圖61

日月角有黑氣色或赤氣色，則注意父母身體健康，不要讓父母生氣。色彩明亮無瑕疵，父母健康佳。

司空中正：（圖61）

此圈內看記憶力，和數字觀念有密切關係，相理差者，則記性差容易忘記事情，或咽喉系統容易出問題。

額兩側遷移部位：（圖62）

前面遷移宮已敘述，補述一些，相理好明亮飽滿，加上眉生的好，可從事貿易、導遊、業務外務方面工作。

凸額：（圖63）

從側面看額頭特別凸出，其人聰明記性佳，有才氣感覺靈敏，能幹深得重視，適合做特殊專業研究，但是與低額一樣具有叛逆性。

髮際內部
·圖64

髮際內部：（圖64）

出國前除看遷移宮外，也要看此部位髮毛的下面周圍，如果明亮則出國順利愉快。記得配觀印堂（兩眉之間）的氣色。

臉部的中停

臉的中停包括有：奸門（夫妻宮）、田宅、山根、夫座、妻座、光殿、精舍、淚堂、顴骨、命門、鼻翼。有眉、眼、鼻、耳，後面解說。

奸門：（兩邊眉眼之後）（圖65）

奸門
·圖65

1. 相理好即肝臟好，夫妻關係也良好。

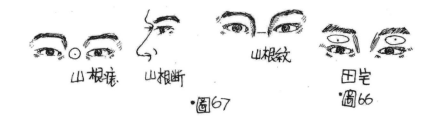

山根痣　山根斷　　　　　山根紋　　田宅

•圖67　　　　　　　　　　　　•圖66

2. 男的左邊（女的右邊）是代表夫妻間的相處情形，男的右邊（女的左邊）表示與異性朋友相處情形，如有痣則容易受外界引誘，愈靠近眼睛愈嚴重，生感情糾紛，有疤則易延誤婚期而晚婚。

色青、青春痘（赤氣色）則容易有爭執，部位凹陷，夫妻緣份淺。45歲以前配偶身體不佳。

田宅：（眉與眼之間）（圖66）

主肉慾、胃腸、祖產、居家安定否，相理差容易有購屋糾紛，如小心文書、漏雨等。

山根：（兩眼之間）（圖67）

與心臟循環系統、對疾病的抵抗力、意志力、祖產有關，山根痣常有腰酸痛現象，感情易有三角問題，山根斷與山根窄，一般幼年比較疾苦，山根橫紋，影響自己身體健康、感情問題，更離不開金錢問題，所以41歲、39歲均要小心怕破財。

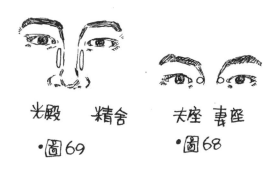

光殿　精舍　　　夫座　妻座
・圖69　　　　　・圖68

夫座、妻座（圖68）

鼻子和眼睛之間的部位，左稱夫座（女右），右稱妻座（女左）。

1. 此部位有痣疤，則有胃疾、肺、胸腔等問題。

2. 顧名思義夫妻之間有刑剋。

3. 進步的現代社會，各種壓力把人們壓的喘不過氣來，所以在壓力大時，此部位會有青黑之氣。

光殿精舍：（圖69）

鼻子的左側（女右側）稱精舍，鼻子的右側（女左側）稱光殿，又名甲匱。

部位飽滿，重視衣著打扮，有瑕疵，自己及配偶容易遭小偷，也容易有婚外情現象。

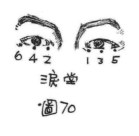

淚堂（子女宮）（圖 70）

部位愈凸，異性緣愈濃，對子女更疼愛有加。

色彩青黑可能是子女相處問題，或性慾過度，甚至壓力大失眠。有痣則

1. 桃色糾紛。2. 為子女煩惱：(1) 代表長子 (2) 代表長女 (3) 代表次男 (4) 代表次女 (5) 代表小兒子 (6) 代表最小女兒。

女性 1. 則代表長女，以此類推。

失眠，睡眠不良則 1.2.3.4 部位青黑色。

腎疾則眼睛四周均青黑，如果腎臟良好，則其人心性不良，宜修心養性。

顴骨（淚堂之下）（圖 71）

代表人的權力慾望，社會地位，和人際關係是否良好，有無野心，人助。平滿微凸為吉相。

向前高凸則具有攻擊性、積極性，向外斜橫張再加上眼睛小則防禦心強，善於保護自己。

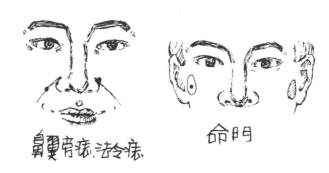

鼻翼旁痣．法令痣　　　　命門

顴側痣容易受家人拖累。

命門：（兩耳之前）

平滿色明為佳，延伸到福德宮、命宮，鼻子到準頭均很亮（非出油）則能進大財。

色青黑身體弱，或有痣則一生起碼一次火災，凹陷則居家不安。某友人先前在此部位過敏紅腫不褪，接著髮際部位四周也紅腫一塊一塊的（皮肌炎），據説其肝功能差（木形人），接著不久之後感冒了，説話無聲音，喉部長東西，幾乎無免疫系統能抵抗，人也更加虛弱，接二連三的住院，短短一個月不到，人也變個樣子，真使人難過，所以我們要對自己的身體好一點，隨時注意保養自身的健康。

鼻翼旁：（鼻賈兩側）

時常看到人們此部位有痣，代表胃腸定不佳，時常鬧胃痛。如果是在法令上則是手和腳必有其一曾經受傷過。

上寬下窄　　　　上窄下寬

臉部的下停

下停包括有：人中、食祿、法令、地閣（包括腮、承漿、面頰、口、嘴角、下巴、奴僕宮）。嘴，後面五官一起介紹。

人中：（鼻與口之間的溝渠）

部位上下大小一致為最佳（一般人下面稍大一點），要深而形狀明顯，還要有鬚才不會氾濫成災，有鬚則有貴人相助，無鬚則凡事靠自己比較辛勞，不宜本鄉發展，要出外，而且步入老年期容易孤獨寂寞，因為人中與子息有關連。

有壽的人，人中一定長，但反之則未必，人中長未必能長壽，還要配觀其他部位，如眉、法令、氣色……等。

相理不好直接影響生殖下水系統和排泄系統，如腎、膀胱、子宮、腸胃消化功能……等。

51歲流年進入人中步入老年期，應該多注意身體保

人中淺 人中短 人中長

健，不要讓自己太過勞累，但也不要忘記安排緩衝的運動時間表。

女性人中部位有青春痘或水痘所留下的痘痕，則要防小產。如果正在生痘子（赤氣色），則生殖器溼熱經期不順。

現在依其狀況來解說

1. **上窄下寬**：象徵早年辛苦，晚年苦盡甘來漸富裕。

2 **上寬下窄**：器量小，做事三分鐘熱度沒耐性，晚年煩惱多，容易難產。未來難行。

3. **人中長**：樂善好施，肚量大不計較，眼光看得遠，也容易長壽。

4. **人中短**：為人短視，喜聽奉承話，只看重目前的利益，持續力差，任性急躁。

5. **人中淺幾乎無**：發育不良少子嗣，個性依賴，體力差，宜多做運動，與人中短一般缺遠見，比較自我，喜聽讚美恭維的話，不聽建言。

人中直紋　人中下方略偏　人中歪　人中橫紋　人中深

6. **人中深**：對人包容，能為他人著想，不喜歡聽假話，如果能長一點則更佳。

7. **人中橫紋**：與子女緣份淺，為子女操勞，51歲時應該多注意身體保健與婚姻維繫。

8. **人中偏斜**：為人虛偽，缺乏真誠，脊椎也歪斜，容易腰酸背痛、腸胃不適。

9. **人中下方略偏**：偏左與父刑剋緣份淺，偏右與母刑剋緣份薄，偏左第一胎生女兒，子宮偏左，偏右第一胎生兒子，子宮偏右。也容易腰背不適。

10. **人中直紋**：為人心性奸猾，比較自私，應該偶而多替他人著想。

1.1 **人中下端造形像劍尖一般**：漸深寬，輪廓分明，則為人心性優良，容易生男孩。

12. **人中下端造形成圓弧狀**：輪廓分明生女多。

13. **人中上端痣**：生理不健康，個性欠穩定，怕命不長。

14. **人中中央痣**：子宮疾病防產厄，一生為子女勞碌。

15 **人中下端痣**：心理不平衡，容易受誘惑，桃花處處開。

食祿（法令之內人中的兩旁）

部位要平滿有髭，色明無瑕疵為其標準。

代表：口福、桃花、是非。

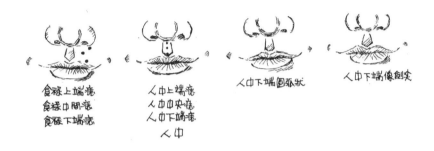

食祿上端痣
食祿中間痣
食祿下端痣

人中上端痣
人中中央痣
人中下端痣
人中

人中下端圓弧狀

人中下端像劍尖

1. **上端靠近鼻子的痣**：52 歲至 55 歲要注意身體，害怕的是上天之前無子嗣送終。

前一陣子某位知名歌星因車禍去世，其父在此部位剛好有顆痣，證實無子送終（其為獨生子）。

2. **食祿中間痣**：可能家人廚藝好，時常有客人登門造訪，造成不方便，生活受他人影響。

3. **食祿下端痣**：比較有口福，有人請吃飯，但是說話要多慮，免得引起口舌是非。

女性鼻孔之下即食祿部位，上端常有紅筋出現，不是月事來潮，則要防破財。

左右不一致 　　 介紋或双條 　　 內縮型 　　 外張型

法令：（鼻翼旁邊延伸往下的直線）

法令紋要圓深廣成鐘，超過口，不宜有痣、傷、疤、中斷的現象為標準。

法令紋最好在 30 歲左右成形算正常。如果 20 多歲就深窄而長口角向下，則其幼年不快樂，想的要求均多，聰明，私心重，操勞，謹慎，不服輸。

如在 40 多歲未出現，則其人不喜拘泥形式，喜自由，容易見異思遷，其人適宜做開創工作，不斷創新，但不要叫其守成沒耐心。

法令代表社會地位，要求嚴謹，權柄領導慾，也象徵壽命、意志力、做事專注否。須防手、足疾病。

依其造形介紹如下

1. **外張形**：事業心重，個性侵略有野心，工作經常對外接洽。

2. **內縮形**：個性拘謹內向，工作喜歡專注一定點上，

三法令痣　　三酒渦　　紋沖破·中断　　騰蛇入口

活動範圍小，稍為死心眼一點。適宜事務性工作坐辦公室。

3. 中間分枝或是雙條：有可能雙重事業、雙重婚姻、兼差多，加上長則有名聲有實權。如果太多條則工作不定。

4. 不對稱（左右不一樣）：長度一長一短或彎弧不協調，表示事業不順也不定，應該要好好調整。

5. 騰蛇入口：法令紋到嘴角邊即停止，此人容易得消化性毛病，個性易緊張，要調整自己的情緒。如果能在嘴角處再伸出，則稱騰蛇出海，可改善運程。

6. 法令中斷或斜紋沖破：表示事業權力有阻礙受限制，不順、鬥爭、容易被三振出局。

7. 法令痣：灰黑之痣易犯小人，防手腳之疾。紅痣或黑亮長毛痣，則表示可當權做主之人，同樣防手足之疾。

常看人一笑有可愛的酒渦，不論酒渦、梨渦，人際關係好，宜走公關演藝路線，流年 64 歲至 67 歲注意身體保健。最好是在老年後酒渦成直線，形成壽帶增壽命。

兩唇部位凹下　　中間部位凹下　　承漿橫紋　　承漿墨痣

　　法令痣也容易得痛風、風濕、關節炎。再來與父母緣份差，左痣剋父，右痣剋母（女反之），男士左法令為主業，右法令為副業，也代表 35 歲之後的事業發展情形。

　　地閣有承漿、下巴、面頰、腮、嘴角、奴僕宮。

　　其部位表示：晚景好不好，有無意志力，不動產運勢部屬子女是否得力，及個人待人處事是否洽當。

　　承漿：（口與下巴之間的凹處）

　　代表酒量、水厄（難）胃腸。

　　形宜深厚表示酒量好，但不宜多喝傷肝，又名酒池。如該部位有痣紋、疤，則防游泳抽筋，61 歲注意身體，及藥物中毒。吃東西要小心。

　　下巴：

　　要方圓平滿有勢，長痘子則胃腸不適或子女不聽話為小孩操煩。長痣生活不安定，職業仲介、警察或業務性質工作以解運。1.下巴中間部位凹下：此人對異性來說，充

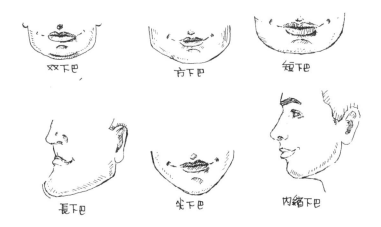

雙下巴　　　　方下巴　　　　短下巴

長下巴　　　　尖下巴　　　　內縮下巴

滿魅力，異性緣濃，可以走演藝路線，但 70 歲要注意保健。個性方面小心得罪人。2. 下巴兩旁凹下：主人生事業上走的辛苦勞祿，一切靠自己，不宜做老闆，子女部屬不得力。

　　3. 短下巴與側看內縮下巴同：為人行事保守內向，欠積極，晚年身體差，意志力、耐力不足，難免情緒化，影響夫妻關係，即家庭運差，存好養老金。

　　4. 方型下巴：為人意志力、耐力強，體能棒，但性倔固執，私心比較重，慾念深，如果眉眼相理差，則是粗暴且脾氣大之漢。

　　5. 尖下巴：個性理智，感覺敏銳，對人要求嚴厲，性急不耐久，愛幻想不善交際，容易有孤獨感，同時夫妻緣份也淺。

　　6. 雙下巴：（不宜肉軟無力）為人個性宅心仁厚，度量大，凡事能為他人著想，重感情，領導有方。

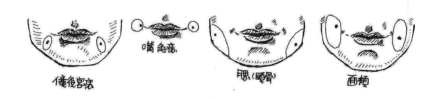

僕役宮底　嘴角痣　腮（頤骨）　面頰

7. 長下巴或成屏斗狀：做事認真，積極意志力強，家庭觀念重，但為人固執，比較自負一點。

面頰：（顴骨之下法令兩旁）

部位飽滿人緣佳，有瑕疵痣或疤，須防被騙或騙人，愛上別人妻子或失去老婆。

腮：（耳朵下面）又名頤骨。

部位平滿為佳，太凸，耐力夠但固執，如果無肉（耳後見腮），加上眼神兇，則個性狠，薄情寡義。有痣為不守密之人。

嘴角：（又名比隣）

部位如有痣疤，則說話心直口快，容易得罪人，鄰居品格差，閒話多。

嘴角兩邊成橫線或直線，其人說話守信用，為人承諾多。

僕役宮：（嘴角之下）

先前已敘述，補充說明，此部位有痣，則不易拒絕別人，老好人一個，要拿出勇氣來嘗試說：「不。」

相由心生，先天的命不可改，但後天運可改，由心裡改起，有健康的身心，自然相變好，運也跟著好起來。

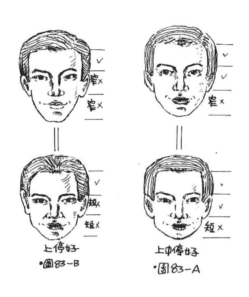

上停好
·圖83-B

上中停好
·圖83-A

三停的比較（寬窄長短）（圖83）

以下的甲字臉、由字臉、稜形臉、風字臉三停寬度不同、長度相同，與目字臉三停寬度相同、長度不同的意思是一樣的。

三停窄長運程比較辛苦，短寬比短窄要好，看三停要

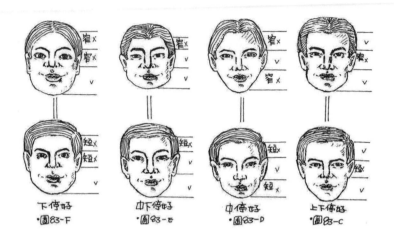

下停好
·圖83-F

中下停好
·圖83-E

中停好
·圖83-D

上下停好
·圖83-C

配觀眼相。

1.**上、中停好**：從小聰明愛幻想，但是運勢平順，到了 50 歲以前就有成就。如果額、眉、眼、鼻其中之一有缺陷，則在缺陷部位的流年比較辛苦，要更努力。到了晚年要存好錢準備養老金，防止孤單無助，因為下停不理想。

2.**上停好**：屬於早發格，30 歲以前工作、學業均順利，先天好遺傳智力，如額相有傷疤，不要做薪水階級（因與老闆不合）的職員，要學專門技術，好好發揮努力，會有收穫，但是中、下停不是很好，則要保守，不要急進或投資。

如果加上眉眼相理好，則 31 歲—34 歲可有成。

3.**上、下停好**：先天遺傳好，環境優良，也很努力，到了中年遇到瓶頸可能身體欠佳（低鼻），心有餘而力不足，但到了老年辛苦有收穫，説不定生意愈做愈大。

4. **中停好**：從小家庭不富裕，長輩無助力，全靠自己打拚，如果眉、眼、鼻相好，到了中年也能闖出一番事業來，但得來辛苦，到了 50 歲以後要守成，不要再衝，而且要多關心別人，替他人著想，不要太嚴苛，生出雙下巴以補您那太尖或太短的下巴。

5. **中、下停好**：恭喜您 31 歲以後苦盡甘來，節節高升（條件：五官相理好），把那年輕時懷才不遇的感覺拋到九霄雲外，接二連三平順的好運讓您心想事成。

6. **下停好**：50 歲以前事事不順心，勞心又勞力，父母不愛，家庭得不到溫暖，夫妻常有爭執，步入老年一切順心，豁然開朗，口相要佳才是，但此時要注意心寬體胖，不可太過肥胖影響健康。

全身三停

臉部有三停，全身也有三停之分。

上停：

由頭頂至頸部下端止，整個比例稍大些，屬早發格，少年不識愁滋味，稍嫌浪費點，從小家庭經濟好，不知開源節流。

如果中、下停特短（非五短的吉格），形成上重下輕，

臀部小，四肢特瘦，則中晚年辛勞收穫少。

中停：

由肩部到腰部，感覺上、中停比較長，還算安逸平穩，中停特別短，或腰太細瘦無力，可能影響壽命。

下停：

為腰部以下到腳底，如果臀部飽滿，到了晚年比較富裕安逸不操勞。但如腳又瘦又長，則奔走他鄉勞碌命，做外務性工作或上班需要經常走動的工作較適宜，可以稍改其勞碌的運程。

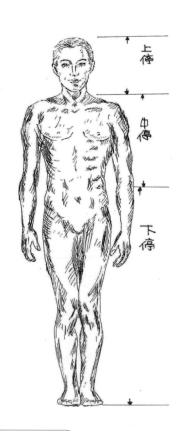

一般人的五官篇

一般人的眉

眉毛屬虎，眼睛為龍，龍虎要有配，不可龍欺虎或虎欺龍，也不宜太濃、太長、太短、太淡，眉要清，目要秀，合乎中庸才是。

眉毛是看個性主要的部位，眉角（眉峰）是看個性的急或緩，當您情緒不佳時，眉毛會不整齊（或女孩生理期，眉毛易亂）。所以說要眉毛相理佳，先讓自己的心情放輕鬆。

1. 前濃後淡：〔與前大（寬）後小（窄）同〕

一般人時常看到有如此的眉毛，個性即興，做事持續力不夠，五分鐘熱度，感情勝於理智，如果交友宮有痣或顴骨痣，加上眼頭圓，則不宜借錢給人，更不且合夥，怕連本金都拿不回，在走霉運時，注意感情問題，尤其33歲、34歲。

眉尾淡與眉尾散一樣不聚財，更影響未來的財運。

2. 前淡後濃：（與前窄後寬同）

表示初年辛苦勞碌無貴人相助，到後來運轉好貴人也多，自己也肯努力或學有專門技術，三分的天份還需有七分的努力，才能達成心願。

眉尾一樣要有聚，才能聚積財富。

3. 三角眉：（火形眉一種）

個性粗暴缺耐力外，膽子大，心性狠毒一點，因眉尾尖節儉計較，人緣欠佳。

4. 眉往上眉尾尖：（劍眉、火形眉之一）

個性衝動急躁欠考慮之外，有自信，做事不灰心，也不肯服輸，屬於嘗試錯誤，屢敗屢戰型，如果能靜下心來，考慮一下，多聽別人的意見，加上您的那股衝勁，目標一定能達成。

5. 眉尾起漩渦：（火形眉之二）

個性強好鬥，好勝心強，此種眉男士比較多，與父母緣份淺，左眉剋父，右眉剋母，叛逆心重，容易頂撞父母。雖然如此，但也不失靈巧，如果能加入軍職或警界服務稍以磨練則是，正所謂的玉不琢是不能成器的。

（火形眉：眉往上，屬強勢，物質慾重，異性緣差，財運也差。）

長眉　淡眉　濃眉　旋渦眉
．圖8　．圖7　．圖6　．圖5

6. 濃眉：（要不亂）

心地善良，為人熱心助人，勞碌閒不住，主動派，兄弟姊妹關係良好，互相有助力，感情融洽，到了 50 歲以後宜淡點好，要不然辛苦了自己，不能享清福。宜做公關、業務性事業。

7. 淡眉：（要根根見肉）

為人理性，淡情，常有孤獨感，被動型的不會主動與人縮短距離，一副不可侵犯的樣子，家庭運差，做事欠積極，體力差。如果能展開笑容，打開心胸，主動接納別人，改善人際關係，您將會認為世界還有可愛之處。

8. 長眉：（長於眼睛）

家人感情好，個性隨和，做事先三思而後行，不急躁，難免打不定主意，及對家人的依賴，有耐力，異性緣濃厚，朋友多。

9. 短眉：（短於眼睛）

也是屬於性急之人，比較重利寡情，家庭緣份淺，所以常有孤獨感，最重要的是影響壽命長短，所以眉短之人必須敞開心胸，去接納別人，凡事不要太計較，尤其善待

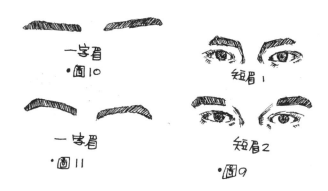

一字眉
・圖10

短眉1

一ㄟ字眉
・圖11

短眉2
・圖9

家人，必有好的回應。第二種短眉元勞後逸有壽）：為印堂寬的短眉反而好。

10.一字眉：（金形眉）

為人理性個性強，缺溫柔與通融性，認為對則不顧他人想法，執意孤行，守法強悍，缺開創力，精力旺難免衝動，家庭觀念濃厚，是一個愛家的人，做事意志力強。

11.ㄟ字眉：

為人有毅力，意志力強，很有自信，能力強，精力足，耐力夠，有野心，為一般上班族的眉毛。

12.眉壓眼：

使得田宅宮（眉眼之間）窄，不動產運差，易有購屋糾紛，心臟及消化系統不良，形成虎欺龍的現象。

為人性急但專注有研究心，勞碌，刑剋配偶。吾人心裡鬱卒時皺眉，也會使田宅宮變窄，所以我們要盡量使心情放鬆，久而久之心理影響生理，心臟、消化系統也會改善。隨著全家多出外散散步，家庭運也增強。

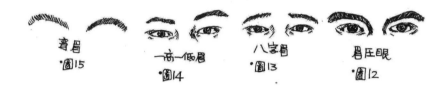

彎眉
·圖15

一高一低眉
·圖14

八字眉
·圖13

眉壓眼
·圖12

13. 八字眉：

個性內外均採取弱勢，人際關係好，為人圓融，溫柔體貼，異性緣濃，感覺隨和沒有脾氣，但欠決斷力，在事業上老好人一個，容易受部屬連累，在婚姻上，易受外界誘惑，產生三角問題。

14. 一高一低眉：（與左右不一樣同）

個性聰明靈巧，但情緒不穩定，個性比較封閉不開朗私心重，父母的婚姻影響子女的遺傳心態，有二婚的可能，也可能有異性的兄弟姊妹。

15. 彎眉：

此人滿情緒化的，重感情，依賴多情，重精神，愛好文學藝術，多愁善感，因眉尾壓奸門，所以夫妻之間需好好溝通，不要常鬧情緒，互相謙讓才能長久，假如免不了口角，則兩人短暫分開，離開現場冷靜一下，等心平氣和一點再談。

交加眉
圖18

細眉
圖17

連眉
圖16

16. **連眉：**（左右眉頭連在一起）

此人心肺功能弱，與親人無緣，個性計較，想不開放不下，現實運欠佳，容易有口非官司等事發生，適合出外發展，有時間把印堂的雜毛拔除，看來開朗些，心情也更好。

17. **細眉：**（要順，根根見肉）

此眉屬於女性眉，個性柔順，不毛躁，聰明，心平氣和，重感情，宜走文學、藝術路線。

男人有此眉，做事欠積極，依賴性比較重。

18. **交加眉：**

眉毛之處分上、下兩層，六親緣薄，個性不良，暴躁易怒，也容易與人起爭執官非難免。

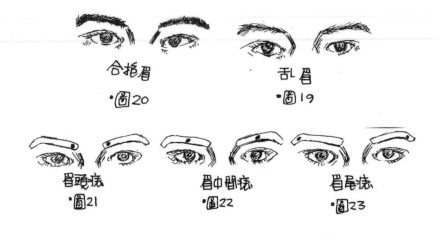

合抱眉
•圖20

亂眉
•圖19

眉頭痣
•圖21

眉中間痣
•圖22

眉尾痣
•圖23

19. 亂眉：

眉毛有順生、逆生雜亂，此人個性也不良，易怒，運程也不好，容易出差錯。無法聚財多敗。

如果亂又少，則屬好吃懶做型，孤獨無助。

20. 合抱眉：

眉毛有上有下中間相連，為人懼內，雖然內心有時不太滿意，但外表上對老婆尊敬有加。膽子稍小。

21. 眉頭痣：（有瑕疵同）

個性剛易犯小人，呼吸系統不佳，中年或走眉運，31、32 歲有官非、口非等情事，夫妻感情運欠佳，因其下為夫妻座。

22. 眉中間痣：（有瑕疵同）

個性聰明，家人容易出事或是夫妻感情不易持久，應該把注意力集中在事業上，如藝術、演藝方面發展，比較討喜。同時注意心臟保健。

23. 眉尾痣

眉尾屬配偶財，配偶身體差或兩人關係不良，常爭執引起自身肝不好，財運也差，更影響人際關係。為人心機重。

一般人的眼

有人為了使眼睛看來更明亮美麗動人，更有精神，則不畏懼皮肉疼痛紋眼線，殊不知此舉會加重我們的感情困擾。

眼相生的妙要眼頭眼尾平，黑白分明，細而長，內雙眼皮，有神，神藏而不露，兩眼間的距離為一個眼睛距，

單眼皮
·圖2

双眼皮
·圖1

不可以一高一低或一大一小的，人安定，運程平順。

1. 雙眼皮：

性格機靈敏捷，活潑性子急，感情重於理智，開朗、熱心，浪漫不實際，容易被感動，做事缺乏毅力，要時時提醒自己，做事要持之以恆，不可三分鐘熱度。

在感情方面，因為重感情，所以是常敗將軍。

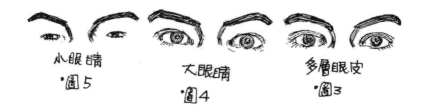

小眼睛
·圖5

大眼睛
·圖4

多層眼皮
·圖3

2. 單眼皮：（金形眼）

為一個理智勝於感情的個性，外表給人冷靜的感覺，頭腦清晰，注意力能集中不亂，做事積極，也有耐力及意志力，有完成任務的決心。

3. 多層跟皮：（龜眼）

做事慢半拍，龜毛一個，沒有什麼事能讓他行動快一點，一副安逸的樣子，所以此人容易長壽。

如果加上從來不皺眉的人，那更慢的讓人受不了。

4. 大眼睛：

活力充沛，頭腦明晰，學習能力強，什麼事都很容易學會，但是對事務的瞭解無法深入觀察，為人正直，膽子又大，視野寬廣，看的多興趣廣泛，能掌握時機，但不易專精。

5. 小眼睛：

天生膽子小，內向，沉默寡言，不善交際，有點小心眼注意細節，但對事情看得遠，不會感情用事，對準目標努力前進從不鬆懈。

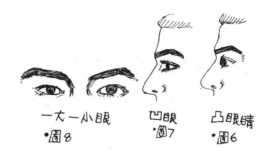

一大一小眼
‧圖8

凹眼
‧圖7

凸眼睛
‧圖6

在感情方面，不容易動情，一旦愛上你，便愛你直到老為止，不失為一位癡情人。

6.**凸眼睛：**

有三種可能：

1.天生愛說話，喋喋不休，因為眼球水分過多，壓迫說話神經，此人性能力也旺盛。

2.近視眼，因為眼球的變形而凸出。

3.甲狀腺毛病。如果是天生的凸眼睛，則一生財運也不好，最好戴眼鏡來遮。

個性比較小氣沒定性，話多輕浮。（以上屬性代表第一種型是天生的）

7.**凹跟睛：**

性格內向不愛說話，但慾望多，比較有心機，與子女容易溝通不良。對人防禦心重，冷漠。但是做事有耐心毅力。

8.**眼睛一大一小：**（很明顯的）（雌雄眼）

為人個性聰明，有才華，野心也大，城府深，喜怒無

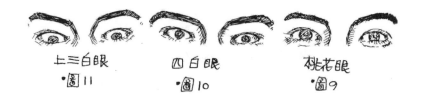

上三白眼
·圖11

四白眼
·圖10

桃花眼
·圖9

常，情緒不穩定，夫妻緣份淺，宜晚婚，如果不讓自己平靜一點，小心老運會差一點哦！

一般人的眼睛左右均會差一點點的。

如果男士左眼大一點，則丈夫在家裡的地位是有權威的，是一家之主。如果女生右眼小（即左眼大），則時常不受到先生的愛戴尊重，為家庭而辛勞。

9. 桃花眼：

即水汪汪的大眼睛，淚堂中央部位是往上凸起的，睫毛長，異性緣濃，為人柔情萬種，個性開放，討人歡喜，容易受人誘惑而後悔。宜從事人氣旺事業，如演藝、公關事業。

10. 四白眼

就是眼珠子很小，感覺眼白多，為人反抗心重，心理不平衡，對現實不滿，當然個性也就暴躁兇惡、奸猾，自然人際關係差，常欺騙他人，所以有這種眼睛，更應該修身養性，好好反省，多接觸些美的事物，看看風景，等眼神變溫和則一切運會比較平順。

11. 上三白：

與人交談，動不動就往下看，不敢正視對方，此種情形有兩種：1、天生害羞，而不敢正視別人。2、內心有做虧於人之事，如果一直左看右看不穩定，也可能是心裡打什麼主意。假如是第二種，就要非常注意此人，為人比較陰險多疑，做的事是偷偷摸摸的暗事，擺不上枱面。難怪相書有云：「上白多必奸。」是有其中道理在的。

12. 下三白

常人想事情或決定事情時也會有此情形發生，此處是指天生的，性格多疑，城府深私心重，體質差，但算聰明，足智多謀，略小心眼，如果有眼神足，可從事法律或軍警、外科醫生等行業比較佳，因為相書也有說：「下白多必刑。」所以我們要以工作形態來改運。

13. 三角眼

上眼皮在約一半之處慢慢往下斜，也有兩種情形：1、人心思重，想得多，腦袋瓜子時常轉不停，有心機，策略佳，自私冷酷，常做過河拆橋的事，現實一點，另一方面也刑

眼尾朝上 ·圖16　　眼頭圓 ·圖15　　眼頭銳利 ·圖14

剋配偶。2、年老時因為肌肉鬆馳也可能形成三角眼，所以有此種眼相，應該去割雙眼皮。.

14. 跟頭銳利

天生愛計較，淡情，能隨機應變，但是財運差，子女運薄，感情問題多，即無家庭運，更應自力更生，不能享配偶之福。

15. 眼頭圓：

個性誠實，對朋友夠義氣，但也容易吃朋友虧，愛情運佳，率直天性，踏實而努力。

16. 眼尾朝上

處處以強勢自居，積極進取，不妥協，易孤立，愛情運、金錢運均差，如果成刀裁則算是好眼尾，文章寫的妙，有精深的文學底子。

17. 眼尾朝下

一切採低姿態，待人謙和，精於計算，思考多，容易錯失良機，如果眉毛也往下，則須防中年以後事業或婚姻的大挫折。如果眉向上可補。

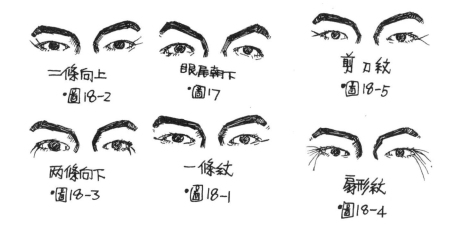

一條向上
圖18-2

眼尾朝下
圖17

剪刀紋
圖18-5

兩條向下
圖18-3

一條紋
圖18-1

扇形紋
圖18-4

18. 眼尾紋

(1) 一條紋：體力差，活力不足，但心思密。

(2) 兩條往上個性溫和常笑容易有往上的）夫妻常意見但還算

恩愛感情好。

(3) 往下兩三條感情問題多，心情不佳，肝不易好。

(4) 有上有下像扇子一般：為人心思重，好郎多，性慾念強，多勞碌，如果青年則紋多，那真是想太多操勞了點。

(5) 紋像剪刀：很不好的紋，刑配偶，兩天一小吵，三天一大吵，聚少離多，稍能改善一點。

19. 時常眨眼睛

為人內心欠安定或緊張，很敏感神經質，體質差，也容易說話不實在。

20. 大眼珠

看起來黑多於白，性格帶點稚氣，性急，容易情緒化、

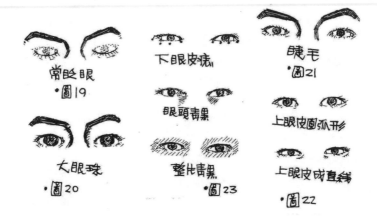

常眨眼
•圖19

大眼珠
•圖20

下眼皮痣
眼頭青黑
整比青黑
•圖23

睫毛
•圖21

上眼皮圓弧形
上眼皮成直線
•圖22

感情用事，碰到事情不知所措，缺乏耐性。

21.睫毛：

喜歡短而疏），比較理性，沒有感情困擾。

如果濃密而長翹，則為人感情豐富，如眼神佳，則有才華溫情，雙手靈巧，比較自負。

22.上眼皮：

上眼皮與田宅宮有關，成圓弧狀性格開朗，活力充沛，成直線，也是屬健康寶寶，精力旺，為人內斂，看得透徹，不容易受騙。

23.下眼皮：

靠近下眼瞼部位有痣、瑕疵，有兩種情況

(1)感情問題多，深受困擾。

(2)為子女操心：如像子女身體方面、行為是否良好、學業順利否、溝通的如何等等，但也有可能是乏子女之人，愈靠近眼愈嚴重。如果是剛生出的青春痘，則表示，感情

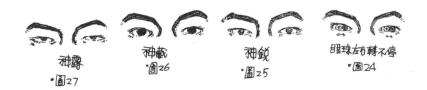

神露
•圖27

神藏
•圖26

神銳
•圖25

眼珠左右轉不停
•圖24

或子女正在屬於溝通不良狀態。

下眼瞼靠近眼頭的部位青黑，常看到其人睡眠不良，壓力大的時候多。

下眼瞼整片有時包括眼的四周青黑，表示其人腎臟不健康或女性子宮內分泌失調欠平衡，也有可能太疲勞或性慾過度等情事發生。

24. 跟珠左右動不停：

個性聰明靈巧，不安份，也比較不誠實，為人欠誠信。

25. 神銳：

黑眼珠很亮，木形人常有之眼神，志氣高，經過挫折不灰心，努力不懈有發展。

26. 神藏：

黑眼珠感覺無亮光，為人沉靜溫和，人緣好，能夠聚積財富。

27. 神露：（神飄）

黑眼珠不清楚，感覺眼睛無焦點，似醉非醉，一副想睡覺的樣子，沒精神，下三白的時候多。嚴重時會影響壽命。

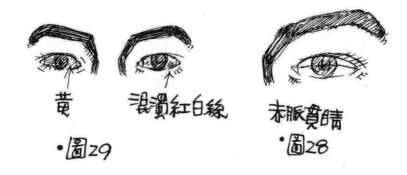

黃　　　混濁紅白綠　　　赤脈貫睛

·圖29　　　　　　　·圖28

28. 赤脈貫睛：

如果是天生如此，則此人心術不正，作奸犯科，如果是偶而太勞累形成，則要防車馬安全、意外災害。

29. 眼白氣色：

常人在生氣、受委屈、不順心或精神不穩定時，會眼紅脖子粗，青筋直冒出來。

如果眼白混濁帶紅血絲，尤其在眼尾下面部位，則表示您太辛苦太勞累了，必須讓心靜下來，好好休息補充睡眠，要像《飄》書裡面的女主角郝思嘉般，無時無刻充滿自信，一切的事明天一再說，明天會更好。

如眼白黃，小心胃的保健，眼白紅色，則注意心藏血液循環系統的健康。

眼相不佳者，如果眼神好，可以補眼相之不足。在達摩神相裡有云：眼神要：

(1) 藏而不晦：藏者，神藏而不露、色潤。晦者，無神。

（2）安而不愚：安者，安靜而不動搖。愚者，呆滯。

（3）發而不露：發者，活潑有威。露者，輕佻。

（4）清而不枯：精神充足是為清者。枯者，神不足。

（5）和而不弱：和者，慈愛和平。弱者，為可以被戲弄輕薄。

（6）怒而不爭：怒者，正直激昂。爭者，浮躁、衝動。

（7）剛而不孤：剛者，勇敢、威嚴、面對現實。孤者，驕傲、孤僻。

一般人的鼻

　　我們的鼻子要直而不偏左也不偏右，飽滿有肉，色佳無瑕疵，有彈性，但不是太大或太小，鼻翼豐隆有力，鼻孔不露，鼻毛看不見，更要顴骨有凸平起，否則靠自己打拚而且勞多可能收穫不如預期的多。如果無耳垂則賺的很多也無福消受。

　　看起來肉多硬骨少，則其人重物質，有充沛的體力且開朗，積極創業，性慾也旺盛，反之骨重而無肉，則為人重視精神面，比較不追求物慾，再加上鼻孔露，則出手大方更無理財觀念。

　　鼻子的準頭為正財，鼻翼為偏財，如果相理佳無瑕疵

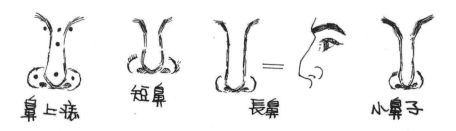

鼻上痣　　短鼻　　長鼻　　小鼻子

則財源廣進，但也要配觀後腦飽滿，如果後腦太尖凸，也是野心大，不踏實，太扁平則雖然平實但欠積極點。

臉大鼻小，一生勞碌，健康欠佳，財運差。

臉小鼻大，以自我為中心，主觀固執自以為是，稍嫌傲慢自大，不聽別人意見，容易孤獨沒有朋友。

鼻、兩顴、下巴豐隆，財運佳，人緣好，容易有富裕的生活。

1.**長鼻**：個性優柔寡斷，考慮太多沒有魄力，自尊心強，喜權勢，與鼻子年壽部位突然往下屬同樣性質，善於策劃。

再則如長窄無肉細而尖，性格人情味淡泊，對人嚴厲，財運不佳，性慾弱，但聰明反應快是其優點。

2.**短鼻**：凡事想到就做積極欠考慮，個性衝動輕率，走鼻運時注意夫妻感情溝通，因為配偶緣淺。

如果鼻子形狀生的好，不太低窄，氣色明潤無瑕疵，則不拘小節，心胸開朗，多變通，運程稍好。

3. **鼻子的痣：**

鼻子的上方山根上的痣：要多注意心臟及脊柱的保健，也可能有經濟方面的煩惱，容易腰酸背痛，注意力也不十分集中，小心車馬安全及婚姻的維繫。特別注意是在 39、41 歲的時候。

山根左右兩側，夫座妻座部位上的痣或疤，更應該注意胃腸及呼吸系統的健康。

鼻樑痣（年壽痣）：走鼻運時，注意破財，意外的災害，夫妻爭勢多，容易受外界誘惑，可買些不動產以補其破財的徵兆。在身體方面注意肝膽方面保健，不要太勞累，心情放輕鬆少生氣。

鼻頭痣（準頭痣）：容易色的糾紛也有破財的情形發生，做事會拖拉延誤不順心。

色紅生痘子防破財，便祕或血光之災，色黑防長子體弱而煩惱。

鼻翼痣：因為鼻翼屬財庫，一旦有痣則財庫破洞，在47、48、49、50 歲時防破財，同樣的不要投資股票等股機性事業，宜買不動產或由鼻翼相理佳且要結實有力的人去管理財務。

4. **小鼻子：**（與低鼻子同）體質弱，個性依賴無主見缺自信，但心思細密，消化能力差，五臟不協調，同樣的財運不佳，鼻子如果雖小但能高起則稍好。

5. **山根斷：**（與痣、疤同）可能童年不是很愉快，個

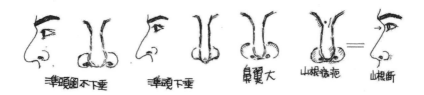

準頭圓不下垂　　準頭下垂　　鼻翼大　山根疤痕　山根斷

性懶散，41歲時注意身體、婚姻及整個家庭的經營。

6. **鼻翼大**：色澤好無瑕疵，偏財運佳，不露孔善理財（如有招風耳除外），經營得當，領導有方，表示胃腸好，如果接近法令邊的痣，此人有胃腸疾病。

反之鼻翼小則無偏財運，如鼻孔又露，更守不住財，開支大。

7. **準頭下垂**：其人對人嚴厲，喜做領導之人，體力好，貪淫重物慾，私心重，善偽裝自己，屬於內斂型的，雖然多才多藝，但恐為錢而不擇手段，是不宜當老闆的，人緣差。準頭有肉稍好。

下垂而尖且無肉，那更冷酷無情可言。

8. **準頭圓而不下垂**：個性重感情，度量大，實行力佳，有慈悲之心，隨和溫厚，本身財源好，再加上鼻翼豐隆結實，鼻孔不露，則知人善任，創業有成。

9. **鼻露孔**：準頭上翹則容易露孔，為人喜爭辯不守密，

高鼻子　　　　起節鼻　　　　鼻露孔

好奇心重追根究底，批評猜忌是非多，不善理財，雖然露孔而孔大（像彭恰恰一樣）則稍好，個性開朗，比較固執，一意孤行不妥協，需在言行上多加小心，但彭先生從事演藝事業，音質佳能補相之不足。

10. **起節鼻**：山根之下凸起一塊，個性倔強固執想法奇特，比較任性，不妥協，善辯愛面子，容易與人起爭執，中年時期小心婚姻挫折及注意身體肝、胃的健康。還需主動接近別人，改掉冷漠高傲態度。

11. **高鼻子**：內心充滿自信體格佳，重名輕利，好勝心強，自我意識強烈，高傲自戀，但有實行力，有進取心，如果高而肉飽滿，能得到美麗英俊又賢慧能幹的配偶。如果鼻高而無肉，財運差，虛勞心重，待人刻薄，是不受歡迎的。

12. **矮鼻子**：缺乏自信，才能低，缺上進心，附和別人，體弱，在家庭中扮演付出型的角色，個性保守膽小缺勇氣。

13. **年壽鼻樑部位笑時起皺**：對於別人的看法不以為

鼻翼一大一小　　　鼻樑起皺　　　矮鼻子

然，因此容易與別人起爭執，個性計較但生性節儉不浪費。
（鼻孔要不露才是）

14.鼻翼很明顯一大一小（或一高一低同）：是屬於財運非常不穩定的，容易破財，起伏大，不守財，如果鼻孔有收不露但鼻翼鬆弛無力，也是過路財神，不聚財，出超永遠大於入超的，更不宜投機事業。

15.準頭底部有直線：喜好追問到底，如果額相好，適合從事研究與分析行業，同樣的財運也不佳。48歲要格外小心。

16.鼻歪：其人脊柱骨也不正，為人自私，不善分辨是非，偏左剋父，偏右剋母，女反之。

17.大鼻孔：吸入的氧氣較多，肺活量也大，為人開朗大方，膽量大、乾脆，開銷大支出多，不拘小節，度量寬宏，加上鼻翼有勢，孔有收不露，則更加有魄力，不失為領導人才。進能攻，退能守。如果鼻孔是圓形的更完美（值

鼻歪　　　準頭直線

得注意的是也不可太大），太大主膀胱泌尿功能不健全。

18.**小鼻孔**：鼻孔太小，形成小家子氣，為人精打細算，勤儉，自我本位重，氣量小無法做成大事業。

19.**酒糟鼻**：即準頭部位長年均是紅嘟嘟的，中年小心挫敗及注意火險，如果命門（耳前）或天中（上額頭靠近髮際部位）有痣那更應驗。

20.**鼻翼有紅血絲**：主人有損財或是財務情況不理想，也可能家裡有一位愛花錢的配偶，財運欠佳是也。

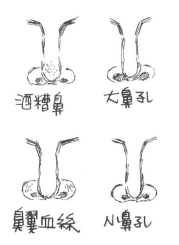

酒糟鼻　　大鼻孔

鼻翼血絲　八字鼻孔

一般人的口

口在閉合時必須比鼻子要大一點，而小於平視時之黑眼珠距離，並以面貌搭配為宜。

我們的嘴巴包括有：唇、口腔、齒與舌。

唇色黑有下列可能情形

(1) 血液循環不良，比較容易喘，要注意心臟的保健。

(2) 腎臟問題。

(3) 個性比較狠毒者。

(4) 平常愛喝兩杯的人且喜愛漁色。

其中上唇與我們的大腸、小腸、生殖泌尿系統有關，上唇形不明或有瑕疵，則大腸、小腸、生殖泌尿系統功能較差。下唇與胃消化系統有關，同樣的要注意胃的保健。牙齒與我們的骨骼息息相關，婦人生產後牙齒動搖是缺鈣的現象，要記得在懷孕時補充鈣質以保健康。舌頭與心臟有關，平時舌顏色粉紅為佳。

牙齦也與我們的腎臟、內分泌有密切相關。由此可見我們的臉是身體的儀表板，面相相理佳者，其心理、生理均是在最佳的狀態中。

1.翹嘴巴：平時口常開，合不攏，脾臟虛弱，個性鬆散，注意力不集中，意志力薄弱缺耐性，財運差不守財，也容易受人誘惑，是非多，晚年妻緣、子女緣均薄，要時常提

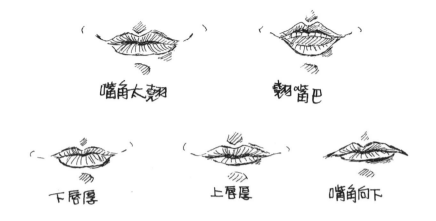

嘴角太翹　　　　　翹嘴巴

下唇厚　　　上唇厚　　　嘴角向下

醒自己口閉合，但不是太用力，否則嘴角容易下垂形成精神緊張型。

2.嘴角太翹（太上揚）：個性聰明太有自信，往往忽視他人，唯我獨尊，驕傲自滿，如果齒齊稍好，反之個性容易暴躁。

3.嘴角向下：其人法令紋也深長，對人要求嚴厲，個性悲觀喜挑剔，人際關係不良，性格冷靜較頑固，因為努力不懈，其成功的人也不少。但晚年易孤獨無助，不如現在就敞開心胸，樂觀開朗一點，常保微笑，接納別人，如何？

4.上唇厚（配觀牙）：表示父親比母親身體好，父緣夠，個性積極主動，實行力強，在感情方面，為人重感情，早熟屬於付出型的，同時對外界的誘惑力抵抗弱，容易失去自我。

老虎牙

齒不齊

嘴歪(疤)

在飲食方面，非常注重，味覺靈敏，不失為美食家。

5.下唇厚（配觀牙）：母親活力旺體質佳，相處融洽，個性上比較消極被動，不是那麼的容易衝動，在感情方面，比較重視回收，觀看別人付出的情況而加以適當的回應，不容易吃虧上當。

所以在性格上比較理智，但也不宜上下唇厚薄差太多，下唇太厚則具叛逆性，自負難馴服，只知接受，不願意付出，自私自利。一般人來說，下唇比上唇稍厚一點，也不失為一良相。

6.嘴歪、唇上疤：說話出言不遜，刻薄不善修飾，容易得罪他人，時常言不由衷，口是心非不實在，如果再加上唇薄齒不齊則更甚，適合做律師等以口為業的職業較佳。

7.齒不齊：說話不守信用，不負責任，一生難聚財。如果加上暴牙，那就更愛表現，吹牛不打草稿，在家則懼內，屬於怕老婆俱樂部型。同樣夫妻、子女運差，感情不佳。

上唇中央凸　　　唇痣　　　下唇覆上唇　　　上唇覆下唇

8. **老虎牙**：即犬齒細尖凸出的，個性圓滑人緣佳，適合公關，演藝生涯少年發達為最宜。如果是木形人那更佳，因為口為水是口相好，木水相生。

9. **上唇覆下唇**：與上唇厚相同屬於付出型的，非常感性重情感，小心上愛情騙子的當，個性積極衝動缺耐性，如果加上嘴小則更缺主見，為他人所左右。雖然如此，若上唇能比下唇長一點，則個性獨立，不依賴，缺點是倔強了點。

10 **下唇覆上唇**：與下唇厚者同屬接受型的，但比下唇厚的人更自負自私，只重視回收不付出，如果其上唇又顯的短一點，那更喜聽人家阿諛讚美說好聽的話，個性上要求多，容易不滿足，不知道要知福惜福。

11. **圓唇痣**：味覺敏銳，平常喜美食，時常有喜宴口福，容易誤食，注意胃腸毛病，個性說話直言不諱，時常得罪人，記得三思而後言，不宜游泳。

小嘴巴　　　大嘴巴　　　唇邊痣　　　上唇中間凹陷

12. **上唇中央凸**：性格喜歡追問到底，説話不服輸，強辯，陽剛味一點，如果額相好，此人聰明幹練，分析力強，有領導能耐。

13. **上唇中間凹陷（即往上）**：個性即興善變，缺耐力，對別人沒信心猜疑多，在感情方面也無定性，時常改變心意，必須知錯能改，愛情專一一點才是。

14. **唇邊痣**：為人心直口快，不討喜，人緣差，另一方面意志力薄弱，在愛情的路上，桃花朵朵開，容易有三角習題，記得提醒自己多聽少言才是。女性也容易有產厄現象（人中左右痣同）。

15. **大嘴巴**：大而厚的嘴，野心大，膽子也大，事業心重，能力強，做事積極樂觀，如口不閉常開，則為女朋友花費在所不惜。

大而薄，一樣有野心，做事積極，比較理性，意志力強，淡情一點，説起話來有點刻薄，大言不慚，輕諾寡信，

薄唇　　　　厚唇　　　　愛情紋
　　　　　　　　　　　　歡待紋

人際關係差，勞碌容易有孤獨感。女性口大屬陰相有男人志，夫運欠佳。

16. **小嘴巴**：古代人形容美女要櫻桃小口才動人，是希望她能聽話認命。在今日的社會，嘴巴不可太小，否則膽小，注意細節放不開，適宜做安定的公務員。如果能小而厚則稍好，愛情技巧差一點。如小而薄，則太自我又小氣，佔有慾強不願付出，冷漠無情。

17. **愛情紋（歡待紋）**：即唇上有直線條而不間斷，其人比較重感情，不會像唇上無紋者那樣冷淡無情只知自己。

18. **厚唇**：厚唇者生命力強，情感豐富，熱情似火，個性積極衝動，也善於助人，如果唇上無紋或間斷，生理上對性慾太需求無度，容易起色情糾紛，又不肯負責任，很容易就坐上愛情騙子的寶座。

19. **薄唇**：為人非常理性，不意氣用事，也多疑冷漠，伶牙俐齒，善於舌辯，一生勞碌，不容易太早退休，適合做老師、律師等性質行業。

凹下嘴
（後縮）

凸出嘴

唇形不明顯

20. **嘴形不美上下唇皆厚鈍**：遠看似兩根香腸掛在臉上，唇形不分明，生活品質差，也不講求飲食美味，意志力薄弱，不善理財，個性隨便，無信用，人緣也不好，如果其他部位像眼相能神藏溫和，及有一顆真誠的心，這世界是不會拋棄你的。

21. **凸出嘴**：從側面看嘴巴是凸出的，此人精力旺盛，做事積極有衝勁，如果額相遷移宮飽滿無瑕疵，適合做業務性工作，一天到晚馬不停蹄，為目標而努力。

22. **凹下的嘴**：在側面看嘴是向後凹下的，此人下巴也定內縮，個性比較消極被動、內向，顴骨不凸鼻塌也容易附和別人無主見，適宜做內勤等事務性工作。

23. **嘴角部位左右兩端成一直線**：其人腳踏實地，做人講信用，也很重感情，如果稍下垂也無妨，只是不宜太下垂，家庭子女運均美好，再加齒齊，為很好的唇相。口大鼻子小，水反剋土，時常因為言語不慎而招禍起糾紛，反

口大耳小

口大眼小

嘴角成直線

口大鼻小

之口小鼻大，即土剋水，慾望多而自負，但又保守膽子小，不敢極力爭取，則一生辛勞而收穫少。

口大而眼睛小，視野不夠寬廣，膽子小但內在企圖心又大，不宜求官。

口大配耳朵小，水多而木漂，野心大，但奈何心有想而力不足，體質差，所以欠福祿，如果耳朵小而厚實，輪廓分明者不計。

小口配額大，則火多水渴，水火不濟，光有聰明才智而懼怕不前，尤其晚年運更差。

口相相理不良者，在日常生活裡，凡事不要太計較，笑口常開，進而人緣變好，心情愉快，口角自然微上揚，也就生起「媚」來了。一個人牙齒不好，對於健康是有很大的關係，齒缺無力，咀嚼不良，形成消化系統負擔，進而影響情緒及生理。

齒的數量無論多寡、大或小、潔白否，最主要是要健

兩門牙隙縫大

入口額大

康有力不動搖為佳，切記不可愛美把牙齒洗的白白的，那會減少琺瑯質的保護及增加細菌的感染機率。

從相理方面看，唇相不佳者，齒相好是可以加分的。牙齒不整齊，脾氣易暴躁衝動，也容易說話不算話，愛情運不佳，夫妻感情不睦，一生勞碌多，難聚財，老運欠佳。

牙齒整齊美好之人，個性開朗有自信心，人緣好而家庭生活也較美滿。門牙兩顆中間的隙縫大或有缺、蛀牙等，直接影響性能力，則其父母關係也緊張，甚至有一方早逝，所以說齒缺或不齊，定要矯正，才能使未來更好。說話時看得見牙齒，某名新聞主播小姐就是，性格上自我表現慾強烈，為人也有正義感，以職業論是非常適宜的，要不難免是非多。

上牙覆下牙：（多見於暴牙）

其人腸胃不佳，六親緣份淺（尤其男性）'可能父親不常在家，經年累月在外，例如船員，或是早病故等。

笑不見齒　　　重城（雙排）　　下牙覆上牙　　上牙覆下牙

下牙覆上牙：（常見於屏斗下巴）

容易無子嗣或溝通不良，夫妻緣份淺，態度也較嚴厲，影響壽命，也不易長壽。

重城：（有的牙齒是雙排）

個性好動外向，性剛，適宜在冒險行業或 KTV 等娛樂場所任職。

笑時看不見牙齒：心智深沉內斂，適合做參謀出主意者。

說話時看不見牙齒：個性保守不開朗，內心好隱密，如果是說話幾乎不張口，則其人做事不光明正大。

牙齒大適宜開創性工作，齒小宜從事會計、人事、財務等幕後策劃人員。

年紀輕牙齒經常掉落，也表示健康走下坡。

牙齦呈黑色者：多注意腎及內分泌失調的疾病，例如牙周病。

牙中有漏縫者，金錢運差，易守不住財而流失，無論

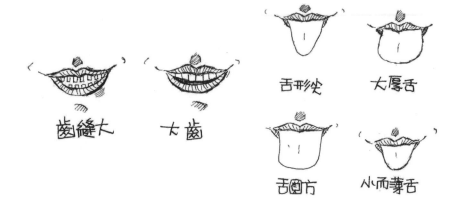

齒縫大 　 大齒 　 舌形尖 　 大厚舌

舌圓方 　 小而薄舌

如何補起來為佳，也增自信，何樂而不為。

　　看口相除了要配觀齒相，也宜參看人中、鬍鬚、嘴角、承漿及舌相如何以論定。

　　舌為心之苗，要大小長短適中，色澤粉紅，乾淨平坦為宜。舌頭稍大之人，說的話也忠厚，沉穩有誠信，不亂說廢話，會享受，重視生活品質情趣，但太過厚大則不免木訥遲鈍一點。

　　舌小而薄會說話，聰明而伶牙俐齒，辯才佳，太小則屬破相影響晚運，性貪口德差，尖酸刻薄說話不實在，太窄而長也有虛詐之嫌，當然宜配觀眼相之好壞以論定之。

　　舌形尖的聰明多心智，靈活反應快。舌形圓方一點，為人忠厚老實而有信用，不善甜言蜜語阿諛讒言奉承他人。

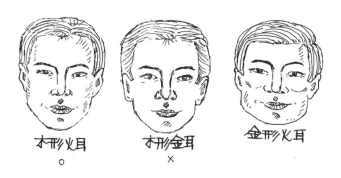

木形火耳
。

木形金耳
✕

金形火耳

一般人的耳

　　面相是隨著人的性向思維而改變，但吾人的耳朵造形則自出生至死亡均不變，唯一會變的是耳垂，會因自我的修持而變長變大。

　　幼年運看耳朵，所以說它是我們童年的縮影圖（1至14歲）。耳垂愈大的人愈容易滿足不計較，也會善待自己，心寬體就胖起來，但還是宜適中為佳。

　　耳朵要輪廓分明，大小、長短適中，厚硬明潤，貼腦，顏色比臉白一點，代表名譽好人緣佳，一般正常人耳的高度在眉眼的中間部位，稱為善耳。

　　金形人耳白而方長，如果尖小廓凸生了一對火耳的幼年比較不順心，中年時易有挫折，因為火旺則金熔。

　　木形人喜歡耳長堅瘦，如火耳也吉，忌諱金耳，因為金剋木也。

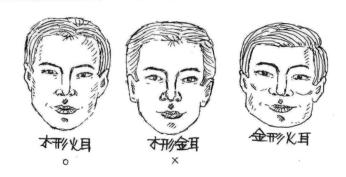

木形火耳　　　木形金耳　　　金形火耳
　　。　　　　　　×

　　水形人喜耳圓貼腦，如果是招風耳為犯水，一生多敗。
火形人如耳圓厚而黑為水形耳朵，因水剋火主破敗壽短。
土形人喜歡耳大珠要厚，如形狀瘦長為木耳，一生挫折多，
童年也不愉快。

　　1. **耳朵痣**：耳朵痣為幼年時因疾病發燒所留下的記號，
耳輪痣，聰明有才智重感情，耳廓痣，為人剛愎自用，自
以為是，如耳廓比耳輪凸則更自我私心重不顧他人感受，
倔強叛逆一點，需要自制收斂一點才是。耳廓內部有痣，
個性溫厚長壽之徵，耳垂痣有偏財，宅心仁厚，但也只是
過路財神，耳垂背後痣，錢財才容易守得住。屬於看不見
的痣為好痣。

　　耳朵上面前方有一小洞是為米倉，一生衣食無缺。眼
睛時常覺得乾乾的，表示腎臟不佳。

　　2. **招風耳（向左右橫張）**：表示奢侈浪費愛面子，缺
乏情感慈悲心，比較勞心，易有睡眠問題，因為沒有耳垂
的關係，做事沒耐性，無事忙碌，但消息廣，包打聽，生

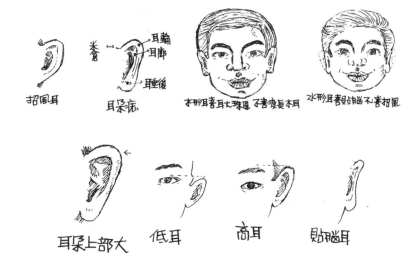

性外向，適宜做公關、記者。

3. **貼腦耳**：正面幾乎看不見耳朵，為有錢不與人知，內斂一點，胖子定要貼腦好，不然命不長而勞碌。體力佳，領導能力強，為一般政治家、實業家的耳形。

4. **高耳**：耳朵高度與眉齊，為人聰明，學習能力強，比較自負難馴，欠圓融，不能做管理人事之職。高過眉則聰明過人、機靈，但神經兮兮的太敏感。

5. **低耳**：學習能力慢，往往事倍功半，需要比人更加認真學習，如果耳低，額頭也低窄者，非讀書料，為做生意比較合適。

6. **耳朵上部大**：平常喜歡動動腦，重視思考、策劃、分析，可做專門學術研究等工作。

7. **耳朵中間部位較大**：個性積極好動調皮，活力旺盛閒不住，適合動態的業務、經理之職務為宜。

特小耳　　特大耳　　耳垂大　　耳中間大

8. **耳朵下方即耳垂最大**：為人懶散不愛動，好吃也愛説話，好逸惡勞，但福旺家運順，享福知足，做掛名的董事長不管事好，人緣佳。

9. **特大耳**：身體健康，固執耐力佳，城府深但記仇，行事果斷，雖然不一定長壽，但也是長命的條件之一。

10. **特小耳**：天生體質差，耐力不佳，更與父母無緣，可能有某種習性，或某種特長專才之人，如果耳形小而圓，能幹圓滑人緣好，則也有成就。若小而薄，加上造形不佳，則易聽進讒言。

11. **耳輪往內縮**：稱為耳無氣，腎氣不足，財守不住，其父母老年易困頓，如果鼻顴佳者可補。

12. **不規則耳（包括一大一小、一高一低）**：從小家庭有變故或為難產兒，童年不利與家人緣薄，或是從小即離家，也容易有二婚，造形不佳，更喜聽不好的話，例如謠言、毀謗之類的言語，加上個性不佳脾氣怪，容易翻臉。

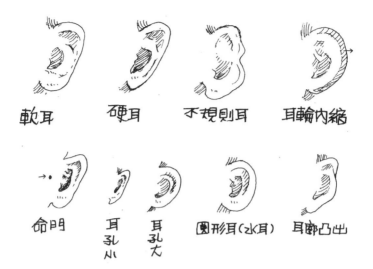

軟耳　　　硬耳　　　不規則耳　　　耳輪內縮

命門　　　耳孔小 耳孔大　　圓形耳（水耳）　　耳廓凸出

13. **硬耳**：為健康寶寶，加上造形漂亮能厚一點則主富而有壽。

14.**軟耳**：體質弱，加上又薄則神經衰弱，失眠睡不好。

一厚一薄，身體更差，比兩耳均薄更不如。

15 **耳廓凸出者（木耳）**：個性剛強獨立，自我觀念強，反抗心重，如果眼相不佳，則缺少理智，變成鬥爭心狠粗暴之輩。

16. **圓形的耳朵（水耳）**：耳朵形狀成圓形者，質硬有彈性者，做事積極，有才能幹勁足，個性圓融，人際關係好，財運也佳。

17. **耳孔太大或太小**：太大個性開放，積極外向，活潑，主其人聰明，不論理解力、記憶力均強。

太小難容一指，性格小氣一點，不夠大方且短視。

耳色青黑寒白為腎病，赤紅色有高血壓現象或是正在

與他人爭執口角時。

耳朵的大小代表您腎的大小，耳朵的上下也表示您腎的位置高低，耳薄腎脆弱，容易腰酸，再則泌尿功能也差。因為耳為腎之竅也。

耳之前面為命門部位有痣傷疤，除了有火厄之外，而易感染傳染病抵抗力差，做事有頭無尾欠恆心，斑減分論（即稍好）。

鬢、鬚、髮

鬢鬚髮三者，濃密性要一樣，才能調合，如果有多有少差太多，則個性不能協調了。

三清格：為鬢鬚髮均不稠密但平順，其人非常理性而冷靜，做事有條理，因為成格，所以運程佳。

三濃格：是鬢鬚髮均濃密但平順而不亂，為人重感情，做事積極，比較衝動性急一點，也因成格而運氣好。但還是不如三清格來的理想，如能禿頭那更加圓滿。

所謂君子要無焦鬢，就是君子心地光明正大，鬢毛不焦黃稀薄的意思。

鬢毛宜黑、光、清、齊、粗濃適中，忌諱黃、疏、捲，長度不宜超出耳朵中央的高度。

 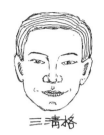

三濃格　　　三清格

　　鬢毛多而粗濃的人，色慾旺，個性衝動，口無遮攔，人際關係處理不良，所以容易犯小人。反之太稀疏焦黃者，火氣大脾氣壞。

　　鬢毛捲曲者，亦是刑剋重個性剛，做什麼事都不太相信別人，必須自己來，是個非常勞碌的人。

　　鬍鬚長得快，恭喜您，是一位身體健康的人。

　　我們的鬚要密而不亂、光潤長的快為佳，不失為有情之人。

　　如果是稀疏兩三根又不平順且乾硬，那與子孫無緣，脾氣也壞，更是個無情之漢。上唇毛為髭，下唇毛為鬚，兩腮之毛為鬍。

　　如果天生是個大鬍子，喉上生鬚，個性衝動，注意行車安全，

　　容易生意外災禍，稱之為「鎖喉」。如能成三濃格則稍好不嚴重。

　　切記人中要有髭，凡事有貴人助，有樹枝支撐，不會讓河水氾濫，人中無髭時，51、52、53歲更要特別留心主破敗。

　　頭髮的情況也可以觀看吾人的健康與個性。

如果您有一頭烏黑柔亮的頭髮，粗細、硬軟、濃密適中，不捲曲、不乾燥、不油膩，則是血氣充足，個性平和的人。

髮質硬：性剛脾氣大，個性也急，豪放不拘，粗心大意，路見不平，拔刀相助型的，如手相中的斷掌一般。

髮質軟：性格溫和，稍嫌軟弱。

髮質粗：個性粗魯，大而化之，尤其女性髮粗而多，有丈夫志，不會撒嬌。

髮質細：心思細密，偶而也會心胸狹窄。

頭髮多：熱情不理智而衝動。

頭髮少：難免害羞，個性拘謹，像是禿頭，形象稍差一點，影響自信心。

頭髮自然捲：也屬於脾氣壞、無耐性的一族，也容易與人正面衝突，人緣不佳。

頭髮較乾燥：比較不勞心，脾氣毛躁，責任感低，但睡眠優良。

頭髮油膩：心思煩重，用腦過度，勞心多而不易入睡，個性也屬急躁型的。

髮色黃：體質虛弱，個性也急躁。

髮色白：性剛直，為人固執示〈少年白〉，如果是一夜之間變白，那也太勞心傷神，受到打擊之故。如果是才四十好幾，即是一頭白髮，要注意心臟的保健。

髮色偏紅：脾氣比髮色黃的人更來的兇悍。

瞬間觀象篇

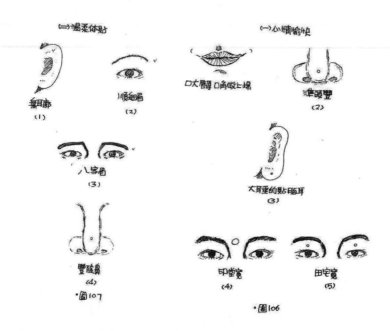

（二）溫柔体贴　　　　　　（一）心情愉快

無耳廓
（1）

順如眉
（2）

口大唇厚口角微上揚

準頭豐
（2）

八字眉
（3）

大耳垂的貼腦耳
（3）

豐隆鼻
（4）

·圖107

印堂寬
（4）

田宅寬
（5）

·圖106

瞬間觀人術

以下特徵愈多者，愈明顯：

一、心情愉快，容易知足常樂的人：（圖106）

1. 口大唇厚口角微上揚：做事積極樂觀開朗。

2. 鼻有肉尤其準頭豐顏色佳：度量大，慈悲心，不與人計較。

3. 貼腦耳加上耳垂大：重享受善待自己，心寬體胖。

4. 印堂寬眉相眼相佳：不堅持己見，尊重他人，樂天知命。

5. 田宅寬非太寬無瑕疵：心性寬廣，仁慈愉快。

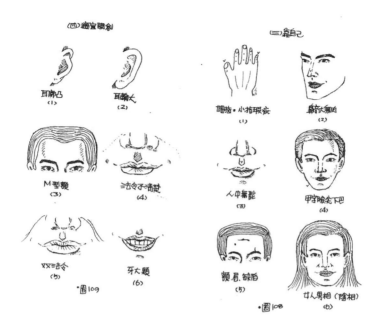

（四）剛毅果決

耳廓凸 (1)　耳輪大 (2)

M 型額 (3)　法令不清楚 (4)

雙法令 (5)　牙大顆 (6)

•圖109

（三）自立

拇指、小指瑕疵 (1)　鼻高大無肉 (2)

人中無形 (3)　甲字臉尖下巴 (4)

額尖、缺眉 (5)　女人男相（陰相）(6)

•圖108

二、溫柔又體貼：（圖107）

1. 耳輪大廓小幾乎無：順從他人意，比較無主見隨和。
2. 細眉且順，眼神柔（藏神）：個性柔順重感情。
3. 八字眉（印堂寬）：尊重他人不計較。
4. 整個鼻高有肉：宅心仁厚，待人寬容。

三、人生道路一切靠自己：（圖108）

1. 拇指、小指有瑕疵：從小家裡無依靠，晚年運不佳，子女無緣，一切靠自己。

2. 鼻高大無肉，顴骨不起（孤峯鼻）：為人自傲，待人刻薄，無貴人助。

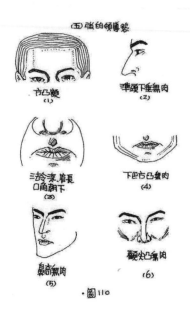

（五）強的領導級

節凸額
(1)

準頭下垂無肉
(2)

三於淚、顴長
口角朝下
(3)

下巴方凸無肉
(4)

顴高無肉
(5)

顴尖凸無肉
(6)

•圖110

3.人中無髭（人中不長毛）：無貴人容易犯小人，子女緣淺。

4.甲字臉尖下巴：聰明能幹，下巴尖對人嚴厲，人際關係不良。

5.額、眉均有缺陷：得不到長輩與朋友的支持，事事自己來。

6.陰相：宜走個人路線，只得信賴自己。

四、適合走開創路線：（圖108）

1.耳廓大凸於耳輪：積極獨立，自我觀念重，不失聰明宜開創。

2.耳輪上部位較大：平常愛動動腦筋，想著想著點子就多了。

3.M 型額：策劃分析能力強，善於設計獨創。

4.40 歲以後，法令還不清楚（幾乎無）：凡事不按牌理出牌，主意多。

5.雙法令（金縷紋）：表示雙重事業，開創力佳。

牙大顆，額相佳：少學多成，能舉一反三。

五、強的領導慾：（圖 109）

1.額高方凸：聰明能幹，事業心、自尊心均強，權力慾望深。

2.準頭下垂且無肉：對人嚴厲，喜做領導之人。

3.法令深窄長，口角朝下：法令代表權勢慾望，其人操勞不服輸，要求也多。

4.金形下巴，方凸而無肉：性倔，私心重，做事要求嚴謹，領導慾念深。

5.鼻高而無肉：對自己有十足信心，認為自己是最好的，所以應該領導他人。

6.顴高尖凸而無肉：喜抓權，什麼事都要插一手，如果加上下巴尖，其人更嚴厲。

六、浪費愛花錢：（圖 111）

1.鼻短而鼻孔露，鼻翼（金甲）小而無力，印堂寬：難聚錢財，花費支出多，出手大方不考慮。

2.笑時牙齦露：個性坦率，心直口快，花錢不眨眼。

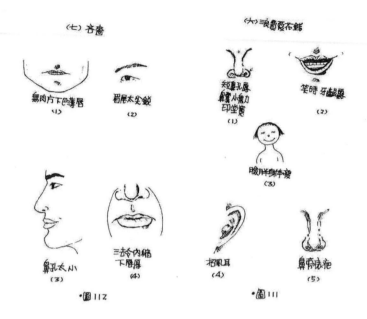

（七）吝嗇　　　　　　　　　　　（六）浪費及花錢

無肉方下巴薄唇　　眉尾太尖銳
（1）　　　　　　（2）

短鼻孔粗鼻翼小無力　笑時牙齒暴露
印堂窄　　　　　　（2）
（1）

臉胖身体瘦
（3）

鼻孔太小　　三停內縮　　招風耳　　鼻有瑕疵
（3）　　　下唇厚　　（4）　　（5）
　　　　　（4）

圖112　　　　　　　　　　　　　圖111

3.臉胖身體瘦：全身三停，上停大（頭大），中停小（上身也，即從小環境佳，不知開源節流，消耗多不守財。

4.招風耳：耳垂小，為了愛面子，不惜大方支出擋場面。

5.鼻旁瑕疵（痣、斑、凹）：即在夫座、妻座的下面光殿和精舍部位，為人愛裝扮，重視外表，不惜買昂貴衣物，但也可能是失竊引發破財。

七、吝嗇：（圖112）

1.金形人的方下巴和薄唇：為人固執，謹慎小心，精打細算，加上唇薄，待人嚴苛。

2.眉尾聚但太尖：會算計，精於理財，進多出少。

3.鼻孔太小：為人小氣，吸入的氧氣少，膽子小，保守，斤兩計較。

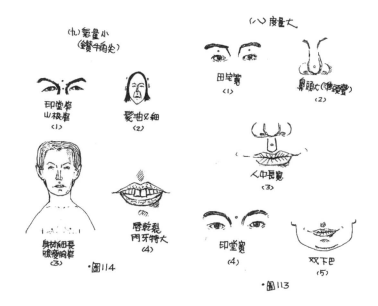

（九）氣量小
（鑽牛角尖）

印堂窄
山根窄
（1）

髮油又細
（2）

身材細長
瞼瘦肉窄
（3）

唇乾裂
門牙特大
（4）

·圖114

（八）度量大

田宅寬
（1）

鼻頭大（準頭豐）
（2）

人中長寬
（3）

印堂寬
（4）

雙下巴
（5）

·圖113

4.法令長而內縮及唇薄下唇比上唇厚很多，個性內向，活動範圍小，死心眼，加上下唇厚私心重，只知回收不付出。

八、度量大：（圖 113）

1.田宅寬：開朗大方，心性寬廣，不與人爭，一切隨便，附和別人。

2.鼻頭大（即準頭豐）：有慈悲心，個性溫和有耐心。

3.人中長寬：眼光看得遠，樂善好施不計較。

4.印堂寬：什麼事都想得開，放得下不會鑽牛角尖，個性開朗隨和，但太寬則無主見，容易吃虧上當，但是人緣佳。

5.雙下巴：宅心仁厚，不拘小節，凡事有考慮到別人立場，非常重感情。

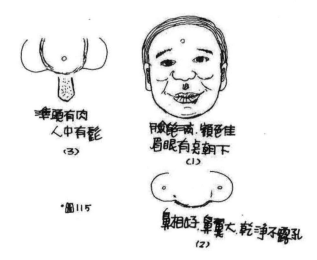

（十）財源廣進

準頭有肉
人中有鬍
（3）

臉飽滿 額色佳
眉眼有點朝下
（1）

圖115

鼻相好 鼻翼大 乾淨不露孔
（2）

九、氣量小（鑽牛角尖）（圖114）

1. 印堂窄及山根窄（雙眼靠近）：和當侍太多，放不下愛計較。

2. 頭髮油又太細，口角向下：心思細密，注意小節，小心眼，頭髮油是心思煩重，放不開。

3. 身材細長（即臉瘦、胸窄）：心胸狹窄，神經質，愛生氣

4. 唇乾裂門牙特大：為天生醋罈子，多猜疑，宜多做心理建設才是。

十、財源廣進圖（圖115）

1. 臉飽滿，額色佳，兩眉、眼有點向下且神藏：臉形

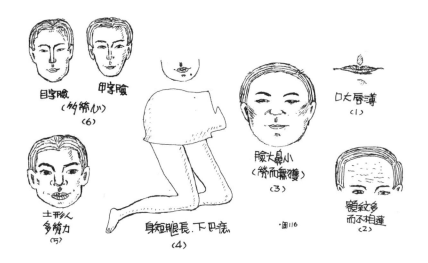

目字臉　甲字臉
（竹箩心）
（6）

土形人
多勞力
（5）

身短眼長.下巴尖
（4）

·圖116

臉大鼻小
（勞而無獲）
（3）

口大唇薄
（1）

額紋多
而不相連
（2）

豐滿，人緣好，生意易談成，兩眉眼向下，一切採弱勢；態度溫和，不容易與人起衝突，加上額相佳，有貴人助，神藏則能藏財。

2. 鼻相好，鼻翼大（財庫豐），顏色　淨不露孔，守得住財。

3. 準頭（鼻頭）有肉：自己賺，顴骨凸滿，耳肉硬，本身體力佳，家庭配偶及朋友間助力，稱為耳鼻顴貫氣，當然人中要有髭，以免在51歲以後形成破敗的局面。

十一、勞碌：（圖116）

1. 口大而唇薄：為金形人常有的唇，做事積極，不假他人之手，工作狂熱，意志力強，忙碌不容易退休。

2. 額紋多而不相連：平生貴人助力少，全都需靠自己，不免勞碌。

3. 臉大鼻小：缺乏自我，整日為他人奔走，勞碌而難有收穫。

4. 身短腿長（比例上），下巴痣：一天到晚，勞碌奔走閒不住，加上下巴痣，其工作屬於需要東奔西跑運轉不停的。

5. 土形人：其勞碌屬於比較勞力型，做事勤勞踏實，工作努力積極。

6. 目字臉、甲字臉（即木形人）：屬於勞心的，喜歡動腦筋，夜以繼日不停，論及靠勞力的就不行了，加上無耳垂，不懂得如何去紓解身心，讓自己輕鬆一下。

7. 法令長而困口，臀小無肉：要求嚴厲又保守，臀小無肉到老操勞。

8. 孤峯鼻、額相差、顴骨不起：整個臉只有鼻子最大，其他不是凹陷，就是有瑕疵，一切靠自己，孤芳自賞，無社會助力。

9. 耳朵灰黑、淚堂青黑：其人壓力大，常熬夜，睡眠也不良（多勞心了）。

十二、懶散的人：（圖 117）

1. 後腦扁平（扁頭）：做事被動欠積極，隨遇而安，要求不多。

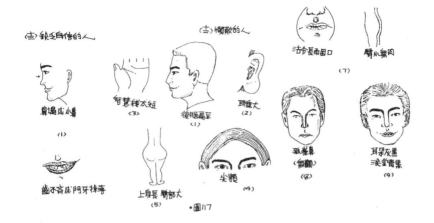

（吉）缺乏自信的人

鼻塌或小鼻
（1）

齒不齊或門牙掉落

（吉）懶散的人

智慧線太短
（3）

後腦扁平
（1）

上身長 臀部大
（5）

耳垂大
（2）

尖額
（4）

●圖117

法令長而困口
（7）

頸聳鼻
（無鬚）
（8）

唇小細肉
（6）

耳孔灰黑
三候堂青黑
（9）

2.耳垂大：重視享受善待自己，不喜歡動，處處不勉強自己。

3.手智慧線太短：意志力不夠，依賴性重。

4.尖額：髮際壓住遷移宮，無貴人提拔，也影響到婚姻關係，這過著灰色的日子，提不起勁。

5.上身長且臀部大， 個性比較安逸，欠積極，不願意讓自己太勞累。

十三、缺乏自信的人：（圖118）

1.鼻塌或小鼻：體質弱，體力差，個性依賴無主見，心有餘而力不足。

2.齒不齊或門牙掉落：不願放鬆心情，開懷大笑，深怕別人發現其不美觀的牙，自卑感重。

3.耳朵軟：體質欠佳，耳根子軟，容易聽信讒言，無主見，隨他人而左右。

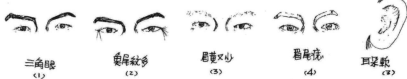

(卤)奸詐之人 ·圖119.

三角眼　　魚尾紋多　　眉黃又少　　眉尾痣　　耳朵軟
 (1)　　　　(2)　　　　(3)　　　　(4)　　　　(5)

十四、奸詐之人：（圖 119）

1.三角眼：想得多，私心也重，難免一己之私，影響他人利益。

2.年輕魚尾紋多或是成扇形的紋：心思縝密，注意小節，為人內斂沉穩。

3.橫眉黃又少幾乎無眉：個性奸詐陰險，六親無緣，朋友也少，有孤獨感。

4.眉尾痣：為人心機重，人際關係差，財運弱。

5.準頭下垂而無肉：性情善於偽裝自己，物慾重，為達目的不擇手段。

6.下巴柔軟無力的由字臉：沉迷於玩樂，浪費及自私的傾向。

7.凹眼：內向不愛說話，慾望多，對人防禦心重，冷漠，也富有心機。

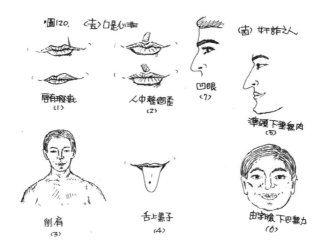

十五、口是心非：（圖120）

1.唇有瑕疵：言語刻薄，時常言不由衷，說話不實在，容易得罪他人。

2.人中整個歪：為人虛偽，缺乏真誠，心性不良，與朋友交，必須拿出真誠之心才是。

3.削肩：肩向下斜而無力，個性不能賦與責任，比較無責任感，為人沒信用。

4.舌頭上有黑子：其人口才佳，很懂得應對，但不實在，是位偉大的情聖。

5.說話時，喜歡眨眼睛的人：個性欠安定，或是在緊張時也會如此，很敏感神經質，也容易說話不實在。

6.下三白眼及眼睛左右動不停：個性多疑奸猾，聰明靈巧，不安份，也不誠實，更欠誠信。

7.雌雄眼（大一小眼）：有才華聰明野心大，城府深，喜怒無常。

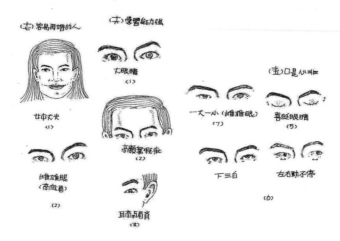

十六、學習能力強：（圖121）

1. 大眼睛：頭腦明晰，興趣廣泛，什麼事很容易學會，但就是無法深入觀察瞭解事務。

2. 高額無瑕疵：先天的聰明才智集於一身，事業心、自尊心並重，當然學習能力也是一等一的。

3. 耳高與眉齊：為人機靈反應快，聰明能力強，但自負難馴服。

十七、容易再婚的人：（圖122）

1. 女中丈夫的女人：陰相的人，尤其是太能幹強勢的女人，有些讓男人無法忍受，所以姻緣也不穩定。

2. 雌雄眼、高低眉：是一位非常情緒化的人，當然兩人世界就更加容易爭執不休。

3. 奸門夫妻宮坑洞、凹陷、青黑：夫妻緣份淺，或意見不合，終於走到分手的階段，也可能是在情場上的常敗將軍。

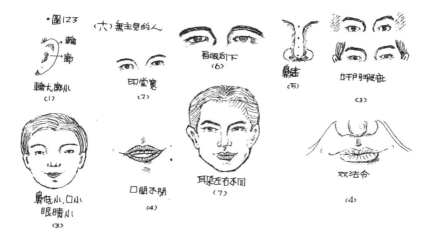

4. 雙法令：有雙重事業，世面廣，自然認識異性的機會多，受誘惑的機率大。

5. 鼻痣：為色難痣，當 41 歲後，很可能因色而影響財運，更使夫妻關係亮紅燈。

6. 眉眼均向下：個性溫柔，異性緣濃，但在 39、40 歲時還是要防破財或者是失敗的婚姻。

7 耳朵左右差異大：個性不佳，脾氣怪，容易翻臉像翻書。

十八、無主見的人：（圖 123）

1. 耳輪大廓小：廓小缺自立，聽話，比較沒有自己的意見。

2. 印堂太寬：心性寬廣，不與人爭，隨便而無主見附和他人。

3. 鼻低、鼻小、口小、眼睛小：以上之特徵，其人膽子小，口小聽話，沒自信，更不是為有主見的人。

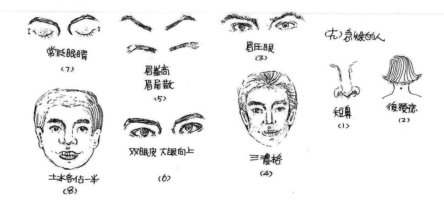

4. 口開不閉：意志力不夠，耐力不足，為人少機謀無主見。加上奴僕宮痣，好商量。

十九、脾氣急躁的人：（圖124）

1. 短鼻：凡事想到就做，積極欠考慮，個性衝動輕率。

2. 後頸痣：個人經驗。

3. 眉壓眼（眉太靠近眼睛）：個性容易衝動耐不住性子，同時也重視物質追求。

4. 三濃格：眉髮鬢鬚均濃密，全身毛多，為人熱心重感情，性急衝動了點。

5. 眉角（峯）高或是眉尾散：眉峯高，性急躁而易怒，眉尾散，無耐性難免急躁。

6. 濃眉、雙眼皮、眼大而向上：具有火形眼的特性，活潑性子急，熱心浪漫不實際，做事缺乏毅力。

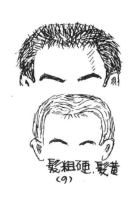

髮粗硬，髮黃
（9）

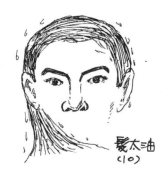

髮太油
（10）

7. 動不動就眨眼睛：情緒不穩定，一緊張眼眨不停，同樣也是一位急躁的人。

8. 五形自剋（例如土水各佔一半，分不出那一個為主子）：個性矛盾不平衡也急躁。

9. 頭髮粗硬濃多或髮黃：性情剛硬沒有耐性，大而化之且個性粗魯，髮色黃體質不佳，因急躁無耐心。

10. 頭髮太油：心思繁重，想得多放不下，心煩時難免性情急躁。

現代的社會，人們的壓力大、繁忙，情緒往往容易失控煩躁起來，直接影響到身體健康，例如愛生氣會使肝、胃出問題，緊張壓力大，胃腸、心臟也容易生毛病，所以我們應該時常對自己進行心靈建設，請大家對自己好一點，偶而要使自己放輕鬆。

補相篇

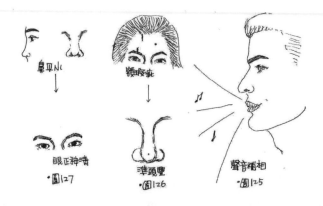

鼻平凡

額瑕疵

眼正神清
·圖127

準頭豐
·圖126

聲音補相
·圖125

不佳的相理如何補相

一、聲音補相：

相理不佳者，如果聲音渾厚清亮，不疾不徐，情緒穩定，並且隨時保持心情愉快，積極努力而樂善好施，任何事也不可太過強求，做適宜的運動，則能補相的不足。（圖125）

二、額瑕疵，鼻頭（準頭）圓厚色黃明彈性佳補：

額相差，父母、長輩、配偶無助力，四面碰壁，可貴的是準頭豐隆，自我經濟財雄厚，有耐心，能吃苦，宅心仁厚，自己賺，如果再加上顴骨有起不露骨，耳相佳者，後腦又圓凸，中年以後財源滾滾而來。（圖126）

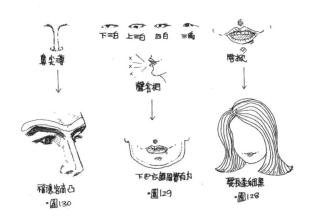

鼻尖薄 → 福德宮高凸 ·圖130

下白 上白 四白 三白 聲劣相 → 下巴左右圓厚實有力 ·圖129

唇掀 → 髮長柔細黑 ·圖128

三、鼻平小，眼正神清補：

鼻平小，體質弱，抵抗力差，沒自信，無主見，然而一張臉中最重要的部位是眼睛，其為靈魂之窗，人如果沒有精神，形同洩了氣的氣球一般，有一對炯炯有神的眼睛，或是一對神藏溫和的善眼，均能使其撥雲見日，欣欣向榮。（圖127）

四、圓唇，髮長柔細黑可以補相：

火形口，個性鬆散，意志力薄弱，注意力不集中，漏氣，如果有一頭烏溜溜柔細黑亮的長髮（木形髮），則氣血足，精神充沛，個性優良，只要時常提醒自己，口自然閉（不用力），免得氣都漏光了。（圖128）

五、眼相、聲相均劣相，下巴圓厚有力補：

眼睛、聲音均不佳者，青中年則破敗，如果允有一個

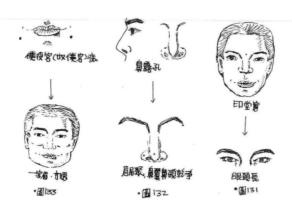

僕役宮(奴僕宮)痣 → 一宝眉、力眼 ·圖133

鼻露孔 → 眉尾聚，鼻翼鼻頭乾淨 ·圖132

印堂寬 → 眼頭長 ·圖131

圓厚的下巴，則到晚運時，時來運轉，進而加上雙下巴，不失為一位厚道的人。（圖129）

六、鼻尖薄，眉上面的禱德宮凸無瑕疵可補相：

鼻尖薄而無肉，為人虛勞心重，待人刻薄，財運差，如果眉上之福德宮部位凸起不露骨且無瑕疵，則祖德深厚，遺傳優良，一副精力旺、耐力夠不肯認輸的模樣，不管是現在財、未來財，均能稍補些許。（圖130）

七、印堂太寬，眼頭長可補相：

兩眉之間為印堂，太寬超過一指半以上時為太寬，為人氣量大不計較，但缺乏主見，附和別人，容易吃虧上當，如果剛好眼頭長一點，能觀察入微，看得清，也不容易輕易上當。（圖131）

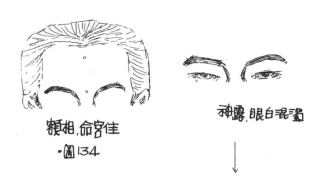

額相，命宮佳
·圖134

神露，眼白混濁

八、鼻露孔，眉尾聚，鼻翼、鼻頭青春痘去除，撲上膚色粉底霜可補：

如果您是一位愛消費的人，如果能把眉尾修尖一點，比較能節儉，加上鼻翼、鼻頭色佳，雖然支出多，收入也多，順便留點積蓄也好。（圖 132）

九、奴僕宮有痣，金形人一字眉加上方腮可補：

奴僕宮有痣，為人好商量，遇到不好的子女、部屬則容易受其拖累，但是如果您是位金形人，允有一對一字眉，方形的腮幫，個性剛強，超棒的實行力，說一不二，正經八百，固執倔強，那有容其撒野，同時可補相之不足。（圖 133）

十、眼相差，額相命宮好也可補相：

眼睛混濁無神，很有可能是天天疲累，生活不正常所

致，如果您有一副寬敞的方額及命宮又無瑕疵氣色明潤，補眼相的不足，但也適宜走政治、法律、醫學、演藝等路線才好。（圖134）

　　某部位的相理不佳者，則有某些缺失，畢竟人不是完美無缺的，以上十點補相的方式，雖然不無小補，但是最重要的還是要修心，瞭解自己某方面的缺點而進行心理建設加以改善，自然而然影響臉部的表情，漸漸相由心生，改變外在的容貌，這是最有效的方法。

　　如果您想是否能內外兼顧，在心裡方面任何事多多替別人著想，不要因為私利而影響他人的權益，小善不斷，在外表方面是否能加以修飾，進而雙管齊下，必然能使您的人際關係、愛情運、財運更加美好。

　　愛美是人的天性，世下有很多的整形手術，雖然能增加您某部位的美感，特別是演藝圈臉蛋是非常重要的，因為職業的關係必須去整形增加人氣，也加強了自信，但是私下的生理後遺症也必須去忍受，例如隆鼻表面上漂亮了不少，但天氣一變成了氣象台或是一碰即歪，那是非常痛苦的。

　　前面也敘述過，美的相不全是好的相理，例如尖下巴算美，但是要方圓有力的雙下巴才是好相理。

開運篇

目字臉
(3)

由字臉
(2)

甲字臉
(1)

臉形開運

在此介紹化粧的技巧，修飾外表，改正印象，給自己帶來好運，別忘了要內外兼顧的重點。

1.甲字臉：整個地閣部位，即鼻子以下、下巴及腮幫要擦稍淺色的粉底來增加其寬度，才不會凸顯其尖尖的下巴，達到上下平衡點才是。

2.由字臉：與甲字臉恰好相反，有個窄小的額頭，把額頭兩邊汗毛消除乾淨，不要留瀏海，免得遮住官祿宮，影響事業的運程，額頭也是要擦上淺色的粉底，使其比其他部位更明亮，腮部位上較暗的粉底，兩者不要顏色差太多，看起來舒適好精神。

吾人會問那甲字臉的額兩邊為什麼不上較暗的粧呢？因為其為遷移宮，主人在外的安全、貴人的有無，適宜明亮。

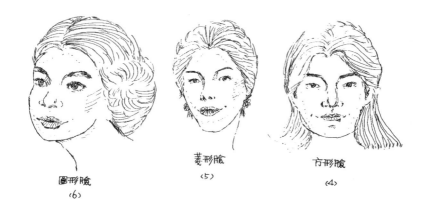

菱形臉
(5)

方形臉
(4)

圓形臉
(6)

3. **目字臉**：整個臉給人小而修長的感覺，為了使人際關係好一點，請上一個明亮的粧於整個臉上，如果您顴骨稍大，請上個不宜太亮的腮紅。

4. **方形臉**：額上加上瀏海使其變柔和一點，但不要太長而遮住官祿宮，在腮幫部位上較暗的粉底即可。

如果您有一對溫和的眼神，地閣雖方而飽滿無瑕疵（稱暴腮）也是眾多異性追求的對象哦！

5. **菱形臉**：上下尖小，顴骨獨大，額頭及下巴部位上較淺的粧，化上咖啡色的腮紅會看起來好些。

6. **圓形臉**：奸門及遷移宮窄，下巴短，以上部位上明亮的粧，加上咖啡色腮紅，稍彎的眉形使臉形看起來長一些。

針對各種臉形加以修飾，同時別忘了迷人的微笑，使嘴角上揚，記住棒子是不打笑臉人的。

眉形開運

眉毛希望盡量修飾到濃淡一致、首尾寬窄一樣為佳，眉形要用剃及修剪，只有田宅宮（眉眼之間）的雜毛用拔的比較恰當。因為眉毛假如都用拔的，連根拔起則形成眉形的缺口，無法整修到平順的眉形，非常不理想。

改運除了基本上要從心裡改起之外，還有以下三點開運方式：

1. 轉移注意力：例如已經無法改變眼部位的缺陷，除了要時常自省之外，必須忽略眼部的化粧，畫上一個造形佳又性感的唇形及面帶微笑，不失為很好的方法。

2. 遮蓋法：三白眼、四白眼可以直接戴上不起眼的眼鏡來遮掩。

3. 變色法：畫上不一樣的彩粧，增或減其立體感，要注意的是顏色不可差太多，必須要自然一點才好。

閒暇之餘不妨多照照鏡子，多觀察瞭解自己一些，關懷自我，也不要忘記關心他人才是。

（1）**一字眉（金形眉）**：性剛正直，意志力、實行力佳，缺乏開創性、溫柔、通融性，屬於男性眉，自然愛情運不佳，修飾成稍彎順的眉形減其陽剛味。

如果自認是一位軟弱的人，一字眉適合您。

（2）**細眉（木形眉）**：太細的眉形，覺得好像老了好幾歲，並且有孤獨感，如果能稍微把眉畫粗一點，感覺比

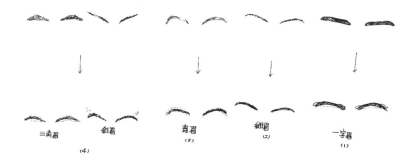

三角眉 (4)　　　劍眉　　　青眉 (3)　　　細眉 (2)　　　一字眉 (1)

較有精神更積極，使整個人活潑生動起來，不是很好嗎？

（3）彎眉（水形眉）：情緒欠穩定，也容易感情用事，多愁善感，如果能修飾出稍彎即可，不要太彎，則其晴時多雲偶陣雨的個性能稍改進。

（4）三角眉（火形眉之）：個性急躁，為人衝動強勢，當然人緣欠佳，首先把眉峯（角）去除，修飾成溫和、協調、平順的稍彎眉形，再加上溫馨的微笑不要如此尖銳，即可恢復良好的人際關係。

眉尾往上（火形眉之一）：後半段剃除用眉筆畫上，使其成標準眉，不要忘記一切以自然為主。

（5）八字眉：凡事採取弱勢、合順，人緣佳，溫柔又體貼大好人一個，對於愛情、財運來說並不是一對好的眉毛，如果眉尾能剃除，修飾平直一點，使眉中央稍高，盡量自然，顯得開朗有自信。

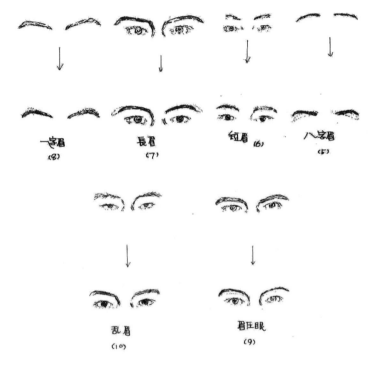

一字眉
(8)

長眉
(7)

鈍眉
(6)

八字眉
(5)

乱眉
(10)

眉壓眼
(9)

（6）**短眉**：性急、重利寡情，被動家庭運也差，所以有孤獨感，進而影響壽命，必須修飾補長，看起來更順眼，同樣的形狀盡量接近標準眉。

（7）**長眉**：眉尾太長難免會沖到奸門（夫妻宮）而影響男女間的感情，須把眉尾修短一點，不要超出標準的長度為佳。

（8）**ㄟ字眉**：有自信、能力強，精幹有野心，如果想讓其溫和柔美一點，則其眉峯部位修飾圓鈍一點，不要太強勢，多接納別人。

（9）　**眉壓眼**：個性急躁而擁有研究的心，天生勞碌放不開，除了拔除田宅宮部位雜毛之外，並修飾眉下多餘的眉毛，使提高一點為佳。能改善不動產運及愛情運。

（10）**亂眉**：每天用眉刷勤刷眉使平順，有事沒事用食指溫柔的從眉頭往眉尾移動，並且把心靜下，聽聽羅曼蒂克的音樂，如果能從內心改起，脾氣好，眼神變溫和，一切運程則三百六十度大改變。

眼型開運

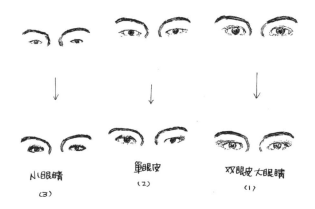

小眼睛
（3）

單眼皮
（2）

双眼皮大眼睛
（1）

眼睛畫上眼線、眼影，會增加感情問題，所以說眼部化粧，萬不得已用粉紅及淡咖啡色系為佳。

1.**雙跟皮大眼睛**：活潑開朗性子急，不安定善變，愛

情運不穩，要改善以淡色為佳，在眼尾上淡咖啡色眼影，拉長眼睛使雙眼皮不要太明顯。

2. **單跟皮（金形眼）**：凡事理性、冷靜、注意力集中，個性積極，為人淡情一點，如果能把從中央部位開始用眼線筆畫往眼尾的眼線，形成像內雙眼皮一般，在線內加上淡咖啡色眼影，或是在上眼皮，畫上淡眼影成半圓形，看上去像雙眼皮，可使人有溫和的感覺。

加上眉形修飾為標準眉，則一切又會不一樣了。

3. **小眼睛**：內向、膽小，也小心眼，沉默且不善交際，但有耐心，只要由內到外顏色由深到淺暈開，把眼形加大加寬。

4. **凸眼睛**：假如是天生的，非近視或是生理所引起，為人小氣沒定性、愛說話，如果能在上眼皮靠近眼睛部位及下眼皮靠近眼尾部位加上淡咖啡色眼影，使眼睛看起來比較不這麼凸。

5. **凹眼睛**：給人感覺悶悶的，不愛說話慾望多，心機重內向，對人有防禦心且冷漠，然而做事有耐心毅力。

眼睛四周以明彩粧為主，眼線以粉紅為佳，加上粉紅色的腮紅，使整個人更亮麗可人，更應敞開心胸去接納他人。

6. **眼睛一大一小**：情緒不穩定任性，聰明野心大，城府也深，不利感情，一方面要多關懷他人，另一方面把比較小的眼睛畫大，使左右不要差距太大為佳。

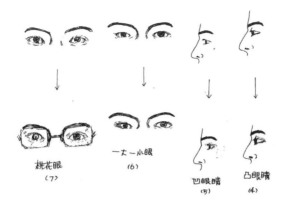

桃花眼
(7)

一大一小眼
(6)

凹眼睛
(5)

凸眼睛
(4)

7. **桃花眼**：水汪汪的大眼睛，很容易動感情，人氣旺異性緣濃，如果您不是做生意，也非演藝壓的人，眼部只採淡淡的明亮粧就很美，不需要太多的修飾，若是對異性不厭其煩，也可載眼鏡會好些。

8. **四白眼**：反抗心重，個性暴躁兇惡，沒有耐性，不要強調眼部修飾，應該注重唇部的上粧，並且戴上眼鏡，多接觸美好的事物，例如多接近大自然，及多為他人著想，讓心情平靜下來才是。

9. **上三白**：給人一種害羞，或是做了不名譽的事，充滿神秘的感覺，自私心也比較重，應該多活動眼睛，時常看上方提醒自己矯正過來，也不要強調眼部粧，口紅顏色醒目一點才佳。

10. **下三白**：專注，感覺邪味重不正直，聰明足智多謀，首先也需做眼部運動，不低頭而向下看的動作，因為其屬於不好的眼形，所以也可配上眼鏡。

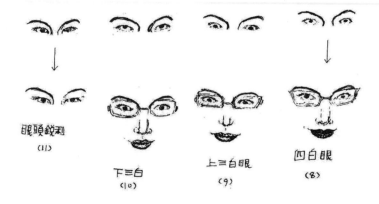

眼頭銳利
(11)

下三白
(10)

上三白眼
(9)

四白眼
(8)

11.**眼頭銳利**：喜歡計較，深怕自己吃虧，小心眼、聰明應變能力強，財運、感情運、家庭運不佳。

與山根窄一樣心思沉重，帶點神經質，首先必須把印堂變寬，使看起來開朗一點，再來使田宅宮（眉眼之間）加寬拔除多餘的雜毛，接著強調眼尾的粧，使注意力分散，最後也可在夫座、妻座部位上明亮粧，有變寬的感覺。

12.**三角眼**：是天生的非老化形成的三角眼，為人想得多，心思沉重，有心機策略佳，自私冷酷現實了點，所以人緣不會好，如何改善，由心裡改起最好：

（1）嘗試割雙眼皮抬高眼尾。

（2）在上眼皮尾部上淡咖啡眼影增加愛情運。

（3）配上眼鏡。

13.**龜眼（多重眼皮）**：一副昏沉沉無精打采的樣子，勾劃出適當的一條眼線就好，使人有精神活潑起來。

14.**山根寬（兩眼之間太寬）**：為人善交際，什麼事不

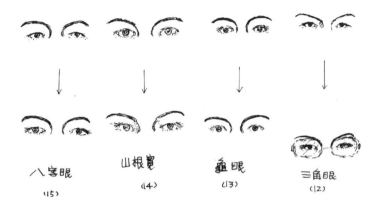

八字眼　　山根寬　　龜眼　　三角眼
(15)　　(14)　　(13)　　(12)

太計較，大而化之，度量寬大，人緣極佳，也容易吃虧，必須在夫座、妻座上稍濃的彩粧，往眼睛方向漸漸暈開變淡，也要看起來自然一點，不可太深的顏色，以縮短兩眼距離。

15. **眼尾朝下（八字眼）**：待人謙和，精於數字，思慮多，愛情運極佳，但也影響婚後感情。首先眼線漸粗，同樣的上眼影朝眼尾部位自然的漸寬，看起來不那麼往下而中庸一點。

16. **眼尾朝上**：個性積極進取強勢，愛情運不佳，讓唇豐厚點，面帶微笑看起來溫和些，不要忘記腮紅。

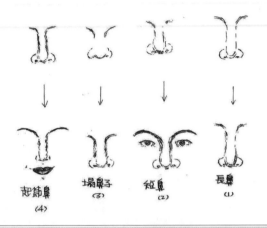

起節鼻 (4)　塌鼻子 (3)　短鼻 (乙)　長鼻 (1)

鼻形開運

1.**長鼻**：時常對事情猶豫不決，缺果斷性，善菸策略，自尊心強，在準頭下方上暗肉色粧，如果鼻樑無肉，也要在鼻柱上明彩粧，讓鼻子包括鼻翼豐滿些。

2.**短鼻**：想到就做，不加考慮，輕率衝動，讓我們在夫座、妻座上較濃的粧，使山根、印堂變窄一些，不會那麼性急衝動。

3.**塌鼻子**：使得山根太平坦，體質弱抵抗力殃，依賴性重，也比較無主見，缺乏自信，容易受騙上當。如果能在年面兩側稍濃的粧，使鼻樑挺起，也不要忘記要看起來自然。

4.**起節鼻**：意志堅而固執，想法奇特任性不妥協，愛面子，一方面也容易與人起爭執，萬法歸宗還是要把個性改進一番，加上多微笑隨和一點，在唇上做重點化粧會更

好。

5. **準頭下垂而無肉**：為人內斂，私心重，體力佳，多才多藝，物慾深，稍嫌冷酷無情，與長鼻一樣在準頭下端上稍暗肉色粧，再來眉眼唇相能稍標準，轉移注意力。

6. **鼻露孔**：喜爭辯不守密，追根究底，也不喜理財，記得口要能自然閉，在鼻翼上明彩粧，順便把眉尾修飾成尖形，看能不能儲蓄點錢財。

7. **鼻翼－大一小**：表示金錢運起伏大不穩定，收入與支出時常出入頗巨，把小的鼻翼上明彩粧，比大的一方亮點，使看起來平衡一下。

8. **鼻歪**：為人私心重，不善於分辨是非對錯，如果歪右，則要向左咀嚼並注重眼部化粧，讓別人注意力不要放在歪的鼻子上。

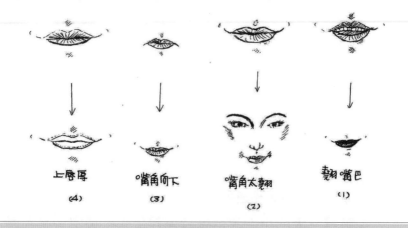

上唇厚
(4)

嘴角向下
(3)

嘴角太翹
(2)

翹嘴巴
(1)

口型開運

1.**翹嘴巴**：口合不攏，個性鬆散，注意力不集中，意志力薄弱沒耐性，財運不佳，容易受誘惑，如果能時時提醒自己，向著鏡子多做練習，口能自然閉不要太用力，此情形也容易使口角向下，必要時多微笑使嘴角上揚，增進人際關係不是很好嗎？

2.**嘴角太翹**：聰明有自信，驕傲而自滿，瞧不起他人，如果能在上翹的嘴角化上明彩粧，並且加強眼部化粧，上粉紅腮紅，看起來平易近人點。

3.**嘴角向下**：要求嚴厲，冷靜頑固，一副欠他三百萬的樣子，如果能在每天起床後對著鏡子微笑一分鐘，讓自己習慣口角向上，不要這麼苦瓜臉會更好。

4.**上唇厚**：個性積極主動實行力佳，重感情願意付出，希望能把上唇畫小 1mm，下唇畫厚增加 1mm，口角只增加

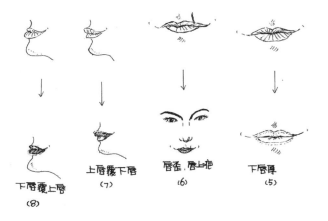

下唇覆上唇
(8)

上唇覆下唇
(7)

唇歪、唇上疤
(6)

下唇厚
(5)

0.5mm，取得視覺上的平衡，並在付出感情之前多加思考，在人際關係上對自己比較有利。

5. **下唇厚**：比較消極被動，在感情方面重視回收，不容易受騙，理智淡情並帶著叛逆性，同樣的也是將下唇線畫小 1mm，上唇畫大 1mm，且上唇較下唇淡的唇色，並時常主動多關懷他人，增加愛情運。

6. **嘴歪、唇上疤**：有此唇形説話不加修飾，容易得罪他人，也可以用職業改變運勢。歪左盡量用右邊咀嚼，反之則多用左邊咀嚼，強化肌肉，使其發達，改善歪嘴的缺失。

唇上疤則要強調眼部化粧，轉移他人注意力，如果膚色白晰，可塗上粉紅口紅增加愛情運。

7. **上唇覆下唇**：與上唇厚一樣屬於付出型，感性又重感情，把上唇畫小 1mm，顏色要比下唇深一點，下唇顏色淡且中央部位要更淡，顯得更凸出一點。

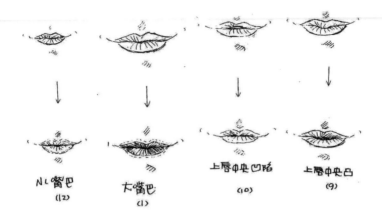

小嘴巴
(12)

大嘴巴
(11)

上唇中央凹陷
(10)

上唇中央凸
(9)

8. **下唇覆上唇**：也是與下唇厚同屬於接受型，但為人更自負自私，要求他人多，把下唇畫小 1mm，顏色比上唇深一點，一方面要替他人立場著想，偶而吃虧就是佔便宜，同樣的上唇中央要更淡，使其凸出立體感。

9. **上唇中央凸**：喜歡追問到底，強辯，陽剛個性，在凸出的部位上較深的顏色，因為深色有凹入及變小的效果，另一方面也要提醒自己，要尊重他人意見哦！

10. **上唇中間凹陷**：個性即興善變缺恆心，對他人猜疑多，在感情方面無定性，時常提醒自己口自然閉合，並且多面帶微笑。

11. **大嘴巴**：野心大，膽子事業心也大，能力強，全身充滿幹勁，如果是女性則屬陰相，還是要把上、下唇各畫小 1mm，及顏色變鈍色不光亮為重點。

12. **小嘴巴**：聽話認命膽子小乖乖牌，注意細部有一種拘謹壓抑的意味，如果把上、下唇各擴大 1mm，唇色畫淡

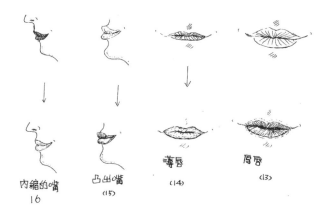

內縮的嘴
16

凸出嘴
(15)

薄唇
(14)

厚唇
(13)

一點，則看起來比較積極開朗些。

13. **厚唇**：生命力強，感情豐富性感熱情，積極衝動熱心，在生理上慾望也深，最重要的是口要自然閉合，把唇縮小 1m，不過上唇還是要比下唇薄一點，尤其是女性更應如此。

14. **薄唇**：為人理性不意氣用事，給人的感覺冷漠而淡情，口才佳而勞碌，如果能畫上稍豐腴的唇，並且常帶溫和的笑容，可以改善人際關係。

15. **凸出嘴**：精力旺盛，做事積極，富有行動力，可能有點暴牙、愛現、容易說錯話，最好口有自然閉合，並且在說話前多三思而後言，再畫上鈍色系的口紅，感覺不這麼的凸出。

16. **凹下（內縮）的嘴**：內心消極被動，因為內向而退縮不前，如果能上明亮的口紅，尤其是下唇，使其具有凸出感，且把下唇增厚 1mm，看起來熱情積極一點。

知人善任─五行人相面面觀

健康篇

大家一起來明天更健康

健康之道一

起得早、睡得好、七分飽、常跑跑、多笑笑、莫煩惱、天天忙、永不老。

健康之道二

少肉多菜、少鹽多醋。少糖多果、少食多嚼。少衣多浴、少車多走。少憂多善、少憤多笑。少言多聽、少欲多施。

健康之道三

三動：腦動、手動、腳動。

三得：吃得進、拉得出、睡得著。

三少：口中言少、心頭事少、肚裡食少。

三揉：頭部、腰部、腿部。

紫微斗數十四顆主星

1.巨門（水）（又屬土、金）：（暗星）辰戌丑未 3（陷）更凶

命宮：巨門代表口有口福，對有興趣的事務雞婆，善表達口才佳能理解分析，嘴不甜宜寫作，是非之星，主口舌是非，言語刻薄，明爭暗鬥，背面是非多，與人寡合，加吉也要沉潛，主施沉困出家能解套，也主疏離，失離始善終惡，感情易燃易熄，好的很短暫。意志薄弱，多學少精，多疑多慮，喜鑽牛角尖，猶豫不決，所以要快做決定。

反應快愛表現，奔波勞碌自私敏感，愛計較，有時糊塗忘東忘西，一生多競爭壓力大，易怒有傲氣，為異域之星，看異族（外國外族原住民）關係，六親緣薄是孤獨星。

發福後運轉好，宜獨坐較佳。巨門永遠在太陰坐命的福德宮。

巨門刑剋比武曲、七殺還重。巨門、破軍、擎羊性剛。

強勢星＝紫微、天府、太陽、太陰、武曲、巨門、殺破狼。

巨門對五術雜學西醫有興趣。加吉奔波勞碌，富貴不耐久。

巨門加祿競爭財如辛年祿存在酉宮機巨組合，喜六合彩重獎後散財。

巨門、天梁、廉真加祿一世榮。巨門加煞星，感情會困擾及事事勞碌。

辛年巨門化祿喜遇七殺、火星、巨門增穩重中晚年有

成。

巨門也喜祿權科、天喜天魁天鉞。巨門、天梁本身桃花強感情困擾多。

廉貞、貪狼、天同、巨門不喜昌曲左右。

廉真、丑未廉殺，天相、殺破狼、天同、巨門忌見昌曲感情不順。

昌曲、天才、巨門三方四正會合適宜在傳播界發展。

辛年巨門化祿、己年貪狼化權都會有些瑕疵。

巨門加文曲主喪志失敗分離。文昌遇寅申宮太陽巨門感情困擾多。

巨門己生人文曲化忌（主貪）會猶豫不決加煞重為人奸詐放蕩。

巨門加文曲化忌、壬生人天梁化祿、太陽子宮弱陷以上是非比較多。

巨門或天同加昌曲主喪志（煙消雲散）增加感情困擾痛苦戀情暗戀單戀。

巨門、天機、七殺、或左或右獨守無主星加四煞虛而不實心性不良。

組合好他（她）惹別人，組合不好別人惹他（她）。

巨門1廟旺敦厚有正義感口才佳喜請客有專技。巨門加恩光天貴為外交人員。

巨門3弱陷、祿存單守（羊陀夾倒霉）、單見火星鈴星坐命以上受人排擠。

巨門 3 弱陷且化忌拖累煞多犯法竊盜做雞鴉。巨門在午戌亥宮自私不害人。

巨門個性易冷易熱，加煞不利感情。巨門加擎羊分離。巨門加陀羅在身命疾宮，貧困失意想不開、有胎記身殘、奔波勞碌、不守祖業加天刑尤甚。

天梁、貪狼、巨門（巨門化祿也無法解）、廉貞、陀羅以上不良嗜好有關。

行運到天梁、巨門、廉貪、太陰、破軍加煞容易上癮。

巨門加羊陀男女邪淫。行運巨門羊陀同宮，容易吸毒做太保。

巨門加羊陀當混混、替人討債、吸毒。巨門最嫌火鈴。

坐命或夫妻宮，散財緣薄多是非，宜裝聾作啞，背後是非重加煞尤甚。

命宮巨門或夫妻宮巨門或行運陽巨、陰陽易有異國（包括原住民）婚姻。

丁生人巨門化忌命宮、身宮、父母宮命運坎坷容易被遺棄。

丙生人廉貞化忌丁生人巨門化忌坐命，容易有不明的疾病。

巨門在命宮夫妻宮會不好是非也多。

行運大限到巨門或夫妻宮巨門會談戀愛或結婚。

天梁、太陰、天機、巨門加四煞宜做小或做從僕否則傷配偶孩子。

三方例如申子辰遇到巨門屬水，不化忌能白手興家。

巨門本身心胸狹窄，愛計較是非多，加火星更衝動增加是非。

火星性急當下，擎羊是非多非做不可，巨火羊屬於衝動組合。

巨火羊加煞多，例如巨火羊終身縊死格早產兒、重病、官災。

巨火羊＝鈴（火）昌（辛生人文昌化忌）陀（羊）武＝鈴陀武曲化忌，限至投河（未必投河）疾病意外機率大。

武曲、廉真、巨門、破軍、天相加火鈴、癌機率大。

巨門加火星鈴星擎羊，身體容易燒燙傷刀傷。

行運或身命宮巨火鈴同宮，殘疾強勢自私犯法有災，要紫微加祿減災。

巨火鈴二限（大小限或流年）逢之或本命巨火鈴大限殺破狼化忌大耗死於外道。巨羊陀火鈴天刑煞重壽夭。

巨門加劫空守身命主觀極端、幼兒時坎坷難養不快樂、感情困擾。

巨門加天刑陰煞無吉，做事顛倒無主張、自殺、被暗算、火災，職業為律師軍警檢調能減災。

巨門、天梁桃花強感情困擾多。巨門天梁守身命口舌是非易亂倫。

天梁（易受誘惑、愛賭）加巨門（三分鐘熱度、口舌是非）加天馬同宮，飄蕩好淫，容易想多做少，愛投機易

受誘惑愛賭、感情紛亂多。

巨門、天梁、天機、天相坐命不可當老闆。

巨門加上喪門辦喪事或是失業。七殺、巨門、火星、天姚容易同性戀。

巨門守身命行運殺破狼，容易破敗或丙年廉貞化忌加羊陀防交通意外（古說路上埋屍死於外道）。

天哭為陽火能助長巨門的凶。天哭與巨門同宮容易見喪門則有喪事。

行運巨門加喪門吊客或喪門天哭主孝服。

天相、廉真化忌、天同、巨門、武曲、弱陷太陰太陽忌諱天哭六親有紛爭。

辛年巨門化祿為競爭財（開口飯理財大而化之）或機巨卯宮先勝後衰。

辛年（四化巨陽曲昌）巨門化祿加祿權科可富，辛年文昌化忌注意考試文書契約簽約。

辛年巨門化祿比祿存同宮（羊陀夾）還要好，加化祿祿存化科昌曲為祿文拱命格要無煞，言詞取信於人，以公關口舌生財。

辛年巨門化祿加吉，勞心進財，加煞同宮是非紛爭，浮華不實，尤其有火鈴成破格，人生浮浮沉沉，名利不耐久，靠勞力進財多。

辛年巨門化祿應對得宜，口才佳有口福，重視人際關係喜歡有左輔右弼天魁天鉞助力。

辛年文昌化忌加擎羊則差，或加四煞（羊陀火鈴）課業、考運不佳、失學轉學、文書契約失竊遺誤、顛沛流離、有小聰明特殊才藝、不要做保人或買賣房屋，要祿權或子午宮要巨門、寅申宮同梁（天梁廟旺陰星天同廟旺福星）同宮才能化解，不可高傲會受人排擠。

　　巨門化祿加四煞無吉則凶，為人較圓融容易說謊，宜從事外交、娛樂界傳播界策劃、五術雜學西醫。

　　巨門吉化如癸年化權加強，處理事物能力及地位提升也有瑕疵會產生妒嫉之心，說話有權威說服力減少是非，適合競爭行業易升遷，加吉沉潛反而有利，加煞難免是非口舌。

　　癸生人巨門化權說話有說服力。

　　癸生人巨門化權、丙生人天機化權、丁生人天同化權、乙生人天梁化權、戊生人太陰化權，能策劃激發奮鬥開創力，但易受人排擠杯葛。

　　巨門無化科三方或對宮有化科來會宜演講事業。

　　丁年巨門化忌，主疏離增加是非增加變動猶豫多疑，易禍從口出說話得罪人、辭職或沉默不善表達（莫名其妙口舌是非多被責罵）與人相處始善終惡、好色對感情不利引起情困是非官非多易病從口入且有災病。

　　巨門加化忌同宮在命宮、身宮、疾厄宮體弱疲困。

　　命宮加巨門化忌，一生多隱痛有苦衷，人際關係不好易遭小人，口舌是非多，會感情用事。再加煞虎頭蛇尾猶

豫不決虛而不實，度量小感情破裂，刑剋六親緣薄勞碌無成，再加桃花星（天姚沐浴咸池）、文昌、文曲則感情困擾多多。

丁生人巨門化忌慢開竅，個性沉默寡言，糾纏沒完沒了，想不開沒自信。

巨門化忌在六親宮，易於生離死別，要配觀夫妻宮父母宮。

巨門化忌加文曲主貪、喪志、猶豫不決、痛苦戀情加煞為人奸詐放蕩。

巨門化忌加擎羊（刀）同宮主疏離傷殘，官災加天刑尤甚，加吉也發不耐久。巨門化忌加陀羅生活不檢點有不良嗜好。

丙年廉貞化忌或丁年巨門化忌與擎羊同宮易有傷殘官災（加天刑尤甚）。

丁年巨門化忌加羊陀混混、吸毒、討債公司流氓不好的什麼都做。

巨門化忌加火星會火災或犯公共危險罪。

庚年天同化忌巨門化忌加鈴星或丁年巨門化忌加火星擎羊，命例自殺過沒死但是離婚了。

巨門化忌加四煞（羊陀火鈴）齊全容易火災、官非、被偷搶、無妄之災容易想不開，到辛年巨門化祿癸年巨門化權能夠減輕是非。

巨門化忌或天刑大耗守身、命、福德宮易尋短見。

太陽化忌武曲化忌巨門化忌與官府同宮容易官非，巨門化忌太歲官符同。

乙年太陰化忌、丙年廉貞化忌（尤甚）、丁年巨門化忌、戊年天機化忌，疑心病比較重放不開。

壬年武曲化忌、丁年巨門化忌、戊年天機化忌、丙年廉貞化忌以上最怕化忌，會失財小心票據官非。

大限丙年廉貞化忌、丁年巨門化忌、甲年太陽化忌、乙年太陰化忌，注意官非車禍外來傷開刀。

2. 天同（水）：巳亥申子 1（廟）午丑未 3（陷）

命宮：天同福星為福德宮主，為人溫和安祥有禮，機巧清秀愛計較，多愁善感浪費透支，慵懶想多做少，缺執行力被動欠積極無衝勁，見異思遷，開朗重享樂，保守安分，內心矛盾抓不著機會，愛靜喜看書，意志力薄弱，不求甚解要人督促。天同主人緣不與人爭，善於社交，體貼悠閒自在知足。

是小孩星有小病，多愛休閒娛樂。天同對男性算桃花星喜歡拈花惹草。樂天韌性強能吃苦，需要歷盡艱辛一生勞心勞力終能轉禍為福。懂得生活情趣，主享受愛吃有口福（巨門相同），吃喝玩樂少操心。

天同坐命善良有品德，不與人爭，喜文藝有蒐集嗜好，著重生活情趣享受悠閒，心情穩定有構想懶惰實現少，愛美搞浪漫，風花雪月重感情，易迷戀酒色不懂拒絕，受騙

容易上當也會騙人、喜優美事務服裝設計、插花，精通文墨好禮樂，有音樂才能，必須化權化科或加一兩顆煞星（人緣差一點）積極些才有實行開創力。

天同巨門重精神面，主情緒感情脆弱，所以易生感情問題。

行運煞沖腳傷痛風長雞眼，精神困擾，目疾或受傷害。

天同沒錢也敢出國玩，分期付款或貸款。先苦後樂喜行幼運及老運，中壯年缺開創，也屬後半段年底或新曆年初發福走運，自力更生成就晚。

天同、太陰、武貪、同陰應於後半斷。

天同、天梁、紫微、貪狼、破軍容易養成嗜好。

天機天同一定會三方見。天同太陰殺破狼容易想的多做的少。

古云天同做官也無用因為他（她）不知進取。

紫微加左右天府天相天同天梁以上個性必好。

安定星＝紫微天相天同。丙年天同化祿為談戀愛生小孩添丁時。

天同加三奇（祿權科）先苦後甘本身，天同就是如此。

有三奇嘉會天生樂觀享受，只是有祿比較自私，一生平順，反之無三奇有祿存加煞星（勞碌命），雖歷經艱辛韌性強，從無到有能化惡為福。

天同加吉更多情會有新戀情。

加祿不可太多容易多情暗戀，則情緒更不穩定消極糜

爛。

天同見異思遷、開朗斯文坐命小時不受寵愛。天同坐命心態外表不老因為天同是小孩星，天同坐命宜做小、夫妻宮同居比較好。

天同命宮疾厄宮代表耳、膀胱，加煞重聽失聰因屬水注意水系統。

年支子生人坐命寅，辛生人坐命卯，丁生人命戌及丙辛生人賢明。

天同加魁鉞（跟公職有關）能坐享其成。

紫微、武曲、貪狼、天同、天機、天梁坐命最強遇災不會送命。

壽星是紫微、天相、太陰、武曲、子午宮武府、天同、天府、天梁、天機、貪狼以上要無煞。

能制化解厄之星＝祿存以柔剋剛不耗力。天同本身福星煞星無力。

紫微君王有威嚴。天梁長著之星能庇蔭別人。七殺用實力硬拚。

廉貞、天同、巨門不喜文昌文曲左輔右弼。天同加左右變依賴平凡無成就。

廉真、丑未廉殺，天相、殺破狼、天同、巨門忌見文昌文曲感情不順。

太陽，太陰，天相，天機，天同，天梁，文昌俊美清奇文曲更細膩。

天同、天梁加文昌（文曲）博而不精。

天同文昌喜學音樂。天同加文曲天姚（色禍）悶騷多情。

天同加文曲，煙消雲散不喜昌曲，主喪志增感情困擾，痛苦戀情暗戀單戀。

天同加昌曲玉袖天香多情。天同最怕昌曲事與願違，協調不良身體失調。寅申宮的同梁（福蔭聚）不怕凶危。

天同加煞孤單人緣差、投機取巧、愛賭、挨罵時不反駁圓融。

天同加擎羊身體不好。加擎羊或劫空有開創力加火鈴陀則無開創。

天同大都肥滿眉清目秀加陀羅易斜視。加陀羅忌肥滿目渺（看不清楚）。

父母宮武曲廉真本命宮有天同陀羅沖，則與父母緣薄福不全。

天同加羊陀主訴訟。煞多破耗做事多變。

天同加火星，投機只知享受，重精神面，走旁門左道弄錢，突發防不勝防。

天同加火星擎羊、午宮同陰加擎羊、午宮貪狼加擎羊都稱馬頭帶箭，有激發奮鬥力，但也辛勞不能煞太多，不耐久。

火羊格是壓力是非對天同來說是好的刺激激發。

天同加火鈴與天梁加天馬（賭、想多做少）會投機。

天同加天馬，飄蕩無根，理想多不執行實現。

天同巨門化忌加鈴星與巨火羊，終身縊死，自殺過沒死，但必定離婚。

天同加羊陀鈴忌，孤單破相，目疾不安寧，加其他星化忌消極糜爛懶散。

天同加火鈴，好投機懶惰，心存僥倖，想一步登天不守財破相（唇疤）殘疾。

天同加火鈴陀則無創新。天同加巨火鈴病危。

天同加劫空（藏私）化解純情有開創力。

天相、廉真化忌、天同、巨門、武曲弱陷太陰太陽忌諱天哭六親紛爭。

天同天機，分守命身宮加空曜，宜僧道或對宗教興趣，吉星多，為專才格，吉星少，晚年空門或孤寂。

機月同梁格，個性沉穩敬業，善企劃分析協調能力，按步就班乖乖牌。需絞盡腦汁技術工作，主靜準備醞釀計劃到動開始創新變化。

機月同梁格作吏人為挑剔之人，與奏書同宮見煞星反主好爭訟。

機月同梁格，一生立業聰明，與申宮陽巨一般，興趣廣不專精多學少成，宜為機要秘書當助手、宗教、保險、內勤、教學教書、寫作、補習班、公家文書事務、大眾傳播、文化出版、雜誌社、仲介管理、旅遊娛樂、商業電腦、財務市場發展、流動業、忙碌辛苦福壽，但不可獨當一面

衝力不夠在加煞破格。

機月同梁格命例圖書館上班。

機月同梁格丁生人天同化權兄友線會翻臉。

命例丙生人天同化祿身命宮三方四正加煞智障自閉症。

丙生人事業宮天同化祿，不勞而獲，凡事不操心增玩心更懶散，一生享福重精神享受用，物質滿足，並不會大富大貴。

丙年天同化祿加桃花星，不宜加昌曲風流浪子，再加劫空成拉皮條。

丙年天同化祿坐命，例女性與有婦之夫年紀大的異性糾纏。

天同化祿或加祿會突然逆轉順，重享樂懶惰，尤其加左輔右弼天魁天鉞，有口福安逸平靜，但還是要歷經艱辛才能否極泰來。

丙年天同化祿，感情濃厚，加火星華燈夜晏（開趴）。

丙年天同化祿加鈴星，激發變達靈活解決困難。

行運丙年天同化祿或加祿，得小財為生小孩添丁時。

丙年天同化祿在六親宮位（命、兄、妻、子、交、父）人際關係好，但必經挫折。

丁年天同化權命宮事業宮，意外獲利益，會策劃執行，宜在學術界或公職有所表現，宜合夥不能創業和經商。

丁年天同化權，情緒平穩激發實行力積極些，無福享

受也辛勞。

丁年天同化權乙年天梁化權比較愛花錢。

丁年天同化權加煞有小財但辛苦。

行運（大限流年）丙丁年天同化祿化權命宮夫妻宮吉化（祿權科）結婚或生子有纏綿愛情，也主換對象，加煞多精神困擾也主疾病。

癸生人巨門化權、丙生人天機化權、丁生人天同化權、乙生人天梁化權、戊生人太陰化權以上擅策劃激奮鬥開創力，但容易受人排擠杯葛。

庚年天同福星化忌減少福氣有福不會享，容易失去機會，人緣不佳，小病不斷煩惱不順，逃避壓力孤剋為他（她）人牛馬，但能積極些也是辛苦。

庚年福星天同化忌天同化忌加煞重，無福享受勞碌壽不長。

天同化忌不能享福，加化祿祿存反為吉富貴，自私六親因利反目。

天同化忌際遇上不一定有惡性改變，加四煞不宜結婚。

行運遇之對婚姻不利，庚生人天同化忌加天馬妖豔宜從事演藝圈。

庚生人天同化忌人比較積極。巨火鈴、庚年天同化忌小心生病危險。

3. 天機（木）：子午卯酉寅申 1（廟）丑未 3（陷）

命宮：天機為兄弟宮主為平輩星、壽星、主善秀加吉化為善星。

有宗教緣對五術有興趣，技術星動星浮動，心思靈活反應敏捷，有謀略企劃人才，需培養通權達變能力，雖然是動星，但著重於動腦筋（智慧星）與七殺破軍的行動力不盡相同，宜業務，兒時多災病（與七殺同）。

七殺天機性急，為幕僚星宜當輔佐，不宜獨當一面與天相天梁相同。

為家操心所以為家務星，但天機主孤與家人無緣，也代表四肢或機械運轉不停，與武曲相同，天梁、天機加天馬愛跑，勞碌在家待不住。

天機喜獨坐佳，所以子午巳亥宮好，丑未天機 3 落陷不好。

個性聰明（古代姜子牙諸葛亮）智慧高超，能言善道，但智著必詐天機有心機，秀麗有條理，策劃行銷，想多做少行動力不足，機謀多變思慮多，太敏感深沉，見異思遷，不喜歡生活一成不變，有誠意但不浪漫憂柔寡斷。執著、內心急，面對問題有效率，外表冷靜溫和，愛表現喜別人聽他說話，宜交涉聯絡，好學好動，多學少精，好高騖遠宜必須要專精守一業，或靠技能為生才好。想太多容易神經衰弱失眠。

天機、昌曲、龍池鳳閣與智慧有關。天機天鉞異性幫

助多同性少助。

天機組合好神偷、廚師、地攤與水有關外務貿易，飄泊宜外地發展。

行運遇天機為轉機變動有新氣象。

辰戌丑未平宮天機 2 平閒之地不宜亂變動。

二限（如大限流年）遇天機事必多變。

天機永遠是太陽坐命的福德宮。三方四正必見太陰、巨門、天梁。

天機早發、紫微武曲天機加吉也代表上半年。

天機、貪狼、破軍都會有橫發應見好就收。

天機會七殺破軍容易意外有出血災禍。

紫微、武曲、貪狼、天同、天機、天梁坐命最強遇災不會送命。

壽星紫微、天機、太陰、武曲、天同、天府、天梁、天相要無煞。

太陽、太陰、天相、天機、天同、天梁、文昌俊美清奇文曲更細膩。

天機喜天梁左輔右弼，文昌、文曲、天魁、天鉞文武全才專職專技藝術。

天機身邊不需要百官需要才藝星，如化科、昌曲（昌曲夾投機取巧）、天才、龍池、鳳閣、博士加魁鉞或天官天福能發揮才智表現受人賞識比百官有效。

天機加煞耍心機愛計較無開創力聰明用在不好的地方

搬弄是非，不宜文書教職經商。

天機加擎羊孤剋膽小多疑缺果斷。天機加擎羊鈴星容易身殘。

天機、陀羅屬於機械運轉。加煞宜道路（天機）維修。

天機加四煞也善三分有此一說。

四煞沖破多災或自小離家孤剋或小三生。

天梁、太陰、天機、巨門加四煞宜做小或做從僕否則傷配偶孩子。

加空曜或會天機、天梁、七殺、破軍等孤剋星再加煞重入空門未必是和尚尼姑。孤星＝天梁、天機、擎羊、天刑、七殺、破軍。

天機、申宮陽巨、寅申同梁三分鐘熱度。陽巨、天機想多少行動力。

伏兵（火）暗算被拖延受阻加天姚，太陰，天機同宮主權術陰謀。

天機木屬肝（肝火旺）眼神經痛、抽筋、風濕。

天機遇武曲、巨門、廉貞、破軍兩目少光明眼花肝病齒落。

天機坐命、夫妻宮有大問題。天機坐命做小幾率大。

天機坐命、貪狼（菸酒不分家）守身宮，日夜無事奔忙雖機變靈活但游浮不定，或酒賭感情愛好多變，或貪狼守身宮行運天機也如此。

主星天機、破軍、貪狼加桃花星投機性事業非勞力得

財，要見好就收免得破的更慘。天機破軍命宮事業宮有兼差（斜槓）等事業。

天同、天機分守命身宮加空曜宜僧道或對宗教興趣，吉星多專才格吉少晚年空門或孤寂。命例天機與鈴星同宮殘疾頭腦四肢（帕金森症）。

天機坐命長壽不健康加天刑想變沒膽，善於察言觀色善解人意。

天機 1 廟旺天機資質好有情懷、好善。

天機加吉持家有方口才好有權且貴氣加羊鈴容易傷殘。

天機坐命加煞神經質投機取巧裝白癡。

天機 3 弱陷浮蕩或加煞多或煞星同宮為奸詐之人。

天機因為是動星一生變動多。丑未宮弱陷宜公關或大公司上班。

機月同梁格個性沉穩敬業善企劃分析協調能力按步就班乖乖牌。需絞盡腦汁技術工作。主靜準備醞釀計劃到動開始創新變化。

機月同梁格作吏人為挑剔之人與奏書同宮見煞星反主好爭訟。

機月同梁格，一生立業聰明，與申宮陽巨一般興趣廣不專精，多學少成，宜為機要秘書當助手，宗教、保險內勤、教學教書、寫作補習班、公家文書事務、大眾傳播文化、出版雜誌社、仲介管理、旅遊娛樂、商業電腦、財務市場

發展、流動業，忙碌辛苦福壽，但不可獨當一面，衝力不夠加煞破格。機月同梁格命例圖書館上班。

機月同梁格丁生人天同化權兄友線會翻臉。

乙年天機化祿，喜動腦筋好學好動思想更敏捷，應變能力更強，主變動善企劃對動有利能實現，工作轉變好也浮動，流通量大增加賺錢機會，收入高但不成巨富不能解挫折，財來財去留不住所以不宜經商。

天機化祿加科權變三奇（祿權科）更佳加煞理想高難成。

乙生人天機化祿在命宮好，但在財帛宮財來財去無法積財。

乙年天機化祿及巨門子宮田宅位加兩或三奇（祿權科）為石中引玉格，食祿佳但是晚成。乙年天機化祿天梁化權開悟突破加擎羊會投機取巧。

丙年（同機昌廉）天機化權，靈活機智多學多能，有創意謀略，增強領導能力提高效率及管理才能，減少變動能掌控浮動與變動，但投機識實務，主動積極精打細算，錢財較穩定，但一樣辛勞宜出外發展。

天機化權加吉能成功加煞星勞心力求爭取但易弄巧成拙。

丙年生人天機化權，善思考再加文昌化科，因有計劃而成名，辰戌宮的機梁更明顯。天機化權在六親宮位能增穩定。

丙年天機化權易兼職（不負主要責任當助手）比乙年天機化祿佳。

丙年天機化權與丁年天機化科增優點能發輝才華。

癸生人巨門化權、丙生人天機化權、丁生人天同化權、乙生人天梁化權、戊生人太陰化權，善策劃激奮鬥開創力但易受人排擠杯葛。

天機虛偽自恃機變，心存僥倖學而不精需後天補救。

丙年天機化權與丁年天機化科增優點能發輝才華。

丁生人天機化科坐命聰慧，善於動腦筋能舉一反三擅策劃，活動精明，能言善道增浮動更活曜且風光，事業心強，學習考試都順利，享有知名度受人肯定是外務人才，利競技考試，加煞有挫折事事比較慢實現。但丁年天機化科巨門化忌是非困擾多有加吉還好。

戊年天機化忌猶豫多變，為人滑頭靠不住 v 多憂慮壓抑會顧忌腦筋打結，對於企劃創意常出錯，或估計錯誤處處算計不利變動，使禍更深或招誨謗身心俱疲。

因天機為家務星，有糾紛化忌會更凶口舌是非多，做股票先勝後敗，投機宜見好就收，再加煞易交通事故是企劃錯敗時。

戊年天機化忌命宮疾厄宮福德宮會變的呆滯不靈光，喜歡鑽牛角尖，猶豫失眠神經質想不開，心神不寧容易中風造成行動不便。

天機化忌命宮疾厄宮注意消化系統例如胃癌。

戊生人天機化忌辛苦勞心勞力，遇壬年天梁化祿加昌曲易走歪路，天機不化忌走偏鋒未必差。

戊生人天機化忌到己年遇文曲化忌，先勝後敗投機最不利宜見好就收。

天機化忌是為交通工具化忌容易車禍。命例為了趕交通車摔斷手。

天機化忌流年命宮或流年田宅宮會增加糾紛。

戊年天機化忌遇之家裡或辦公室搬遷。

戊年天機化忌命宮福德宮頭腦打結，不宜經商自敗。

戊生人天機化忌，抽筋神精衰弱風濕易早夭，人要常動好尤其有火鈴時。

戊生人天機丑未弱陷化忌加火鈴，感覺人生無趣易疏離自殺，或因小失大，凡事懶得動腦筋想不會追根究底。

命宮疾厄宮戊年天機化忌加病符，容易感染流行感冒會筋骨酸痛。

自殺星＝地劫、地空、孤辰、寡宿、天哭、陰煞、天機化忌。

命例戊生人擎羊坐命父母宮天機化忌，行運到辛年文昌又化忌會與父母絕裂。

壬年武曲化忌、丁年巨門化忌、戊年天機化忌、丙年廉貞化忌最怕化忌會失財小心票據等官非。

4. 天梁（土）：申巳亥 3（陷）

命宮：個性聰明英俊，廟旺為人有原則溫和公正心善有慈悲心能助人，善分析表達領導眼光遠自負孤高不合群專制。為人甘脆俐落，熱忱大方伶俐話不多，能幹點子多叫別人去做自己不做，個性多憂慮，好面子愛吹牛喜人奉承恭維，助人替人出主意喜做老大敢賭命不認輸，鑽牛角尖又執著不計較坦蕩蕩（例王寶釧），為蔭星心善有子貢（孔子學生）器量小，無煞無私心，為散財童子不善理財投機愛賭不可掌財對金錢沒概念。

天梁、天機加天馬愛跑勞碌在家呆不住。

交友廣朋友重於家人，庇蔭別人不庇蔭家人財物，不見得採納別人意見，也不受他人或老闆約束。天梁生性愛吹虛。

是長輩星有長輩緣能得到長輩的幫助，個性穩定清高不求名利玉潔冰清壽長。

天梁個性隨和且自負主觀，不知道變通穿著隨便對沒有興趣的事情會

拖延。天梁加天魁天鉞為人正直。

天梁太陰一定三方見天機天同也是。天梁、七殺、天刑是自律星。

少年必災老年有病災一定會逢凶必延壽。

天梁為父母宮主為老人星中年以後容易禿頭。天梁主福壽遇難呈祥，可以做危險性工作最具逢凶化吉，任何宮

均有困難能自我化解。

　　長輩星＝天梁、天府、紫微。

　　紫微加左右、天府、天相、天同、天梁以上個性必好。

　　紫微、貪狼、太陽、廟旺天梁強勢但愛面子。

　　天梁、天機、天相、巨門不可當老闆。

　　壽星是紫微天相太陰武曲子午武府要無煞天同天府天梁天機貪狼。

　　能制化解厄之星＝祿存以柔剋剛不耗力。天同本身福星煞星無力。

　　紫微君王有威嚴，天梁長著之星能庇蔭別人，七殺用實力硬拚。

　　孤星＝天梁、天機、擎羊、天刑、七殺、破軍。

　　孤剋星＝七殺、破軍、紫微孤君、天梁、武曲比較不浪漫加點祿或桃花星（天姚除外）解孤剋。

　　天梁、紫貪（貪杯）、破軍、天同、貪狼、巨門（巨門化祿也無法解其暗）廉貞、陀羅容易養成不良嗜好如吸毒要自己醒悟才能戒。

　　天同、天梁、紫微、貪狼、破軍易養成嗜好。

　　吸毒星＝天梁、巨門、廉貪、太陰、破軍、貪狼。

　　紫微、武曲、貪狼、天同、天機、天梁坐命最強，遇災不會送命除非煞多重疊，天梁是賭博星與天梁同宮，同梁、機梁到處受誘惑且愛賭。

　　坐命固執主觀執著不聽別人勸，無人能改變其初衷，

缺幽默喜舌辨。

　　孤剋不喜社交場合，內心寂寞，心義氣耿直無私穩重大方。

　　天梁幕僚星不可居高位，有計劃策畫能力宜幕後。

　　天梁主刑監督刑法情報偵查，喜研究哲理、宗教、中醫、藥醫師服務業、賭博。

　　天梁坐命夫妻宮必定是巨門（口舌是非星）。

　　天梁坐命財帛宮必是太陰，庚、癸生人太陰化科人生觀灑脫先得名後。

　　得利。貪狼或天梁坐命喜打坐靜坐。

　　天梁會七殺破軍容易意外有出血災禍。加天機破軍清閒僧道。

　　天梁三方如有貪狼、巨門、天同敗倫亂俗勞碌艱辛。

　　坐命與天同一樣懶散隨便拖延欠積極。

　　大限流年遇天梁，增壽主貴清高，加吉也會有麻煩困擾，加凶更不吉，遇庚年天同化忌就更不好，再加大耗會死亡或破產輕則被陷害易有關卡，遇之從事軍、政、商禍輕。

　　梁 1（廟旺）安定衣祿足加吉多才多藝富貴。

　　梁 3（弱陷）申巳亥宮弱陷為人隨便懶散拖延，服務社會有名譽地位，不求私利否則因財惹麻煩被抓把柄。

　　申巳亥宮弱陷加煞，利用他人替他謀利驚險波折化解會費力。

巨門、天梁、廉真加祿一世榮。

天梁祿存同宮，受小人排擠，因羊陀夾遇祿煩惱不寧，波動要在三方得祿好些，不要在本宮對宮遇祿存。

天梁加太陽文昌祿存會形成陽梁昌祿格利於考試，喜歡機月同梁格但是不宜經商。

天梁加三奇（科權祿）比陽梁昌祿格還強成就高要無煞，加吉富貴吉祥。

天梁喜左輔右弼文昌（易有官職）文曲出將入相要無煞。

天同、天梁加文昌（文曲）博而不精。

天梁、紫微、天府加文曲聰明口才佳宜理工、學術研究。

天梁加文曲位至台綱學五術精深。為人師表名聲好，宜文化公教、宜軍警基層幹部，加吉困難易化解，紫微、天府主聰明，學術研究有卓越表現，但高傲好勝或有喜事能延壽。

太陽、太陰、天相、天機、天同、天梁、文昌俊美清奇文曲更細膩。

文昌文曲夾天梁或丑未天梁坐命，或福德宮天梁獨坐，或加昌曲，為人雞婆愛多管閒事，喜出主意當老大，喜好稽查追根到底會招怨。

天梁加昌曲位至台綱（御史）加吉，可當如省主席因為土（天梁）生金（文昌）要無煞才行。

天梁坐命不如天相積極，會主動助人，不如天機心軟又慈善主貴，不如太陽有氣勢也不像遇魁鉞有貴人助。

命宮疾厄宮或丑未宮梁 3 弱陷加貪狼星再加煞重，尤其丙年廉貞化忌命危災重，天梁為賭博星，天馬同宮到處受誘惑愛賭。

在身宮福德宮錢財給予子孫自己能化解凶厄（非用錢財化解），逢災病必能解到老都帶病延年。在命宮最差遷移宮，其次身宮再其次。

天梁孤剋一生，多是非災險，有宗教信仰佛緣善根。天梁喜照會（即在遷移、事業）有長輩照顧比守命佳。天梁小心乳癌內分秘線体。

天梁不喜在命宮又要化解自己的災厄，天梁不要在命宮財帛宮會與人爭執競爭。命宮財帛宮交友宮疵蔭別人。吉煞並見宜僧道慈祥。

天梁加煞，壞心眼投機取巧、愛面子、喜出風頭、喜被人奉承又短視。

命例天梁加陀羅坐命陰狠會與母親要錢。天梁加陀羅吸毒服藥，命例長期吃安眠藥。加桃花，宜演員表演藝術，再加煞色禍受感情困擾。

天梁坐命或遷移宮均不好會辛勞。

命宮身宮福德宮與宗教有緣，喜哲學機梁尤甚。

天梁加火星必須歷凶險後天梁才能受庇蔭。

破軍加火星或天梁加火星勞祿奔波、投機，容易火傷

或先敗，加吉後成。

天梁加火鈴會想不開輕生、火傷。

天梁不宜見擎羊陀羅，壓力大容易殘疾，不見羊陀也容易有小傷殘。

天梁加天刑性鋼鐵石心腸，宜外科醫生，加擎羊、化忌尤甚更孤剋。

天梁、太陰、天機、巨門加四煞宜做小或做從僕，否則傷配偶孩子。

天梁加擎羊天刑同宮，眼神迷惘或陀羅在酉宮，三方丑未宮又煞重，會有九死一生突禍生。加煞羊陀空曜宜做僧人。

天梁加陰煞、天機、鈴星（神經衰弱易失眠）或易有陰眼，吉多則陰物迴避。天梁加大耗破軍嗜好廣愛表現光說不練提醒一下要專精。

天梁加桃花星能解孤剋，名士風流自償宜演員表演藝術，再加煞色禍感情困擾。巨門、天梁本身桃花強感情困擾多。天梁加天馬必離鄉背井。

天梁（易受誘惑、愛賭）加巨門（三分鐘熱度、是非）加天馬同宮，飄蕩好淫容易想多做少，投機受誘惑愛賭，感情也紛亂。

天梁加空曜或會天機七殺破軍等孤剋星，再加煞重入空門（未必當和尚尼姑）。天梁加空曜大耗或庚年天同化忌死亡破產謀害。

天梁與化忌同宮或對沖注意長輩或直系親屬不測。

機月同梁格個性沉穩敬業善企劃分析協調能力，按步就班乖乖牌。需絞盡腦汁技術工作。主靜準備醞釀計劃到動開始是創新有變化。

機月同梁格作吏人是挑剔之人與奏書同宮見煞星反主好爭訟。

機月同梁格一生立業聰明與申宮陽巨一般興趣廣不專精多學少成宜為機要秘書當助手，宗教保險內勤教學教書寫作補習班公家文書事務，大眾傳播文化出版雜誌社，仲介管理旅遊娛樂商業電腦財務，市場發展流動業忙碌辛苦福壽但不可獨當一面是衝力不夠，加煞破格。

機月同梁格命例圖書館上班。

機月同梁格丁生人天同化權兄友線會翻臉遷移宮適應力強。

壬生人不喜天梁化祿或加祿存主施庇蔭別人送財給他人散財童子或因家人破財或被倒會修房子透支花錢凶，少人緣受人排擠（化祿會因不擇手段求財天梁化祿不主財但受長輩提拔做事不實在鬼點子多，投機理財有原則易有意外財，會帶來困擾精神負擔）不可掌財不宜經商。

天梁化祿最喜天魁天鉞貴人，但魁鉞中老年遇到成為小人阻礙或庇蔭別人。

壬年天梁化祿，加上壬年武曲（財星）又化忌而破財，加煞文昌文曲鈴星會走法律漏洞心術不正。壬年天梁化祿

或戊年天機化忌加昌曲易走歪路。

主星化祿或財星（武曲太陰……）不喜化祿會不擇手段求財。

巨門己年加文曲化忌（因小失大）。天梁化祿、太陽弱陷是非多。

壬年天梁化祿命宮、財帛宮、事業宮，宜離家，適宜公眾服務業社會工作者、律師、財務會計、宗教、五術（算命）、醫藥（中醫）等專業（趨吉避凶）加煞勞碌少成，不喜壬年機梁陰煞空亡，宜宗教神秘學、出家或隱居命孤剋。

壬年天梁化祿加煞，增困擾心神不寧，再加祿財運不濟入不付出，可以以職業改善。

天梁主觀強勢乙年化權，掌權做事有原則，更執著獨立自主，愛管閒事喜歡關懷他人，有熱情貴氣，愛出風頭喜獨樹一格，有名氣的財富，好賭玩很大。乙年天梁化權借助太陽力量，主觀固執主孤，宜監督管理計劃，電腦設計醫藥雜耍等專業，不宜從政是個清官。天同、天梁化權愛花錢。

化權比化祿佳但不如化科。乙年化權不宜六親宮位尤其是兄友宮。

命宮疾厄宮天梁易患感冒，乙生人化權不易感冒，如感冒加煞多為重感冒。天梁化權加祿增加誠信受異邦推崇。

癸生人巨門化權、丙生人天機化權，丁生人天同化權，

乙生人天梁化權，戊生人太陰化權善策劃，激發奮鬥開創力但易受人排擠杯葛。

　　天梁喜己年化科名成事業非錢財。天梁化科智慧果決機謀，善監察管理有技術才能受尊敬信賴，有清譽增知名度貴人提拔助升遷，人也長的好看，能排難解紛爭為它人設想，有扶強助弱扶老攜幼之心，加煞就損名聲。

　　天梁化科加華蓋解神為華陀神醫（偏中醫）陽梁尤甚。加天德喜醫學。

　　天梁化科不主學術研究應是專業特殊地位，宜大眾服務業，專業獨立經營加煞也是，但文曲己年化忌貪心力量變弱容易因小失大。

　　天梁化科喜加奏書擅刀筆成名。

　　天梁喜己年化科但文曲也化忌，天梁與化忌同宮或對沖注意長輩或直系親屬不測。

5. 紫微（土）：子宮 2（平）其他宮均 1（廟）

　　命宮：紫微是君王之星（帝星）與天府國王星主藏安逸精神上比較憂心，和氣莊嚴固執尊貴有能力魄力決斷力，有權力強勢統御力強有領導力認真為領袖格，責任感重開創寬宏氣度是受信賴氣宇非凡，善良孝順有同情心，也能替別人著想，能曲能伸，為人拘謹，自尊心強，有自制力自愛，有調合管理的能力，自信虛榮愛面子，主觀自主性強隨心所慾，聰明博學多學能，穩健持重耿直忠厚外剛內

柔，外表高雅內心好高騖遠虛榮，偶而也會沉迷不能把持，表面上快樂內心精神空虛，孤獨痛苦壓抑，能包容逆來順受理性能忍辱，愛恨分明，喜新鮮有求知慾，皮膚好有情趣要求完美。

紫微是指上半年但晚發。紫微喜中年見少年見出生富貴安逸比較沒成就。

紫微太陽端正。長輩星是天梁天府紫微。

為官祿宮主好求名不求利。宜命宮事業宮財帛宮田宅宮。

不喜獨坐，自我意識強主觀，有威嚴愛面子，心活耳軟，享受刺激喜受奉承。

不喜在兄弟宮、疾厄宮、交友宮、父母宮，一生勞祿無成。

不喜入天羅地網宮，即辰戌丑未無吉星輔佐難展大志。

大限流年遇紫微減凶，有發展升遷有機遇（天機加吉亦是）。

二限逢紫微有喜氣。宜股票、獨家有特色、專利。

紫微、天府、太陽、廉貞從事公家機關大企業。

紫微、廉真、太陽、天相廟旺命宮事業宮與政治有關要加吉無煞。

軍警星是紫微、擎羊、天刑、武曲。

紫微或天府加煞星多勞心勞力壓力大適合經商（有空曜則不行尤其地劫地空）。紫微、貪狼、太陽、廟旺的天

梁（申巳亥 3 除外）強勢愛面子。

　　紫微加吉又有煞吉凶參半大部分的人都如此，適合經商有空曜（六親無緣）則不宜（要實業）也不可從事政界尤其是加煞，但與公家脫不了關係。

　　能制化解厄之星＝祿存以柔剋剛不耗力。天同本身福星煞星無力。紫微君王有威嚴。天梁長著之星能庇蔭別人。七殺用實力硬拚。

　　強勢星＝紫微、天府、太陽、太陰、武曲、巨門、殺破狼。

　　天同、天梁、紫微、貪狼、破軍以上容易養成嗜好。

　　孤剋星＝七殺、破軍、紫微孤君、天梁、武曲比較不浪漫加點祿或桃花星（天姚除外）解孤剋。

　　紫微、武曲、貪狼、天同、天機、天梁坐命最強遇災不會送命。

　　壽星是紫微、天相、太陰、武曲、子午武府要無煞、天同、天府、天梁、天機、貪狼。

　　命宮事業宮的廟旺天相、紫微（官祿宮主）、廉真對事業企圖心大。紫微無吉孤獨且獨立不強勢、外表體面風光實質內心空虛無助有孤寂感，孤君主僧道亦清閒。最好要加吉無煞方好。紫微與廟旺廉真有老闆架式。

　　安定星＝紫微、天相、天同對天府幫助不大。紫微天府全依左輔右弼之功。

紫微、天府、天機、太陽、太陰、天相以上需百官輔佐。

有權科百官則紫微不會聽信讒言。紫微固執拖延與天府同。

天府紫微自尊心強。紫府朝桓（命宮）食祿萬鐘。府相為紫微股肱。

紫微加左輔右弼為君臣慶會好。

紫微天府要左右無煞好，祿存（不要同宮）與祿存同宮則羊陀夾招怨或自私自利討人厭被毀謗。

行運至破軍無吉加煞無制奴煞欺主（紫微）易災禍殘疾破財無善終，或軍人壯烈犧牲。紫微、破軍多疑。紫微怕巨門是非多進讒言會改變初衷。

紫微、天府、武曲加權祿主富尤其行運重疊主大發。

命宮事業宮紫微加吉如三奇（祿權科）財長、會計師善理財不一定很有錢但衣食無缺。加祿存主爵之司。遇祿存終身福祿。紫微祿存外表肥滿厚重。

無紫薇吉多一級主管如科祿朝元（紫微、命宮）或祿文拱命（三方四正有祿存、化祿吉文曜）可當主官。紫薇加煞奴欺主行運有車禍破財。

紫微加祿馬貿易（買空賣空轉手）不可加劫空破敗如有則宜實業。

紫微大限走貴顯星如甲年廉真化祿、戊己年有天府祿存、丁年太陰化祿、庚年太陽化祿、己年武曲化祿為一生轉捩點。

雙祿朝桓即有祿存化祿來會紫微加左輔右弼財經長不一定有錢。

紫微大方不會賺錢只會運用錢財理財的能力佳所以要有錢（有祿存、化祿）及輔佐星（左輔右弼）幫助。

紫微在十二宮中無弱陷只有子宮為平閒稍弱一點容易受對宮貪狼的影響沉迷酒或色。

紫微有龍鳳靈活氣度增才藝，三台八座善文墨有吉慶增社會地位，台府封誥增身價，恩光天貴有榮譽名聲，天府天壽心開擴。

紫微有天魁天鉞為傳令增領導貴氣。紫微加天才當藝術家、設計師。

紫微有魄力氣度孤君（無祿或無左右輔佐）孤僻有志難伸謀事費力，獨斷獨行氣燥，會孤獨心胸狹窄、佔有慾多疑善變缺主見感情用事自尋煩惱，無吉孤獨且獨立不強勢，外表體面風光實質內心空虛無助有孤寂感，孤君主僧道亦清閒。

孤君尤其加地劫地空（易受傷害）非常獨立在別人的感覺個性怪異有藝術天份，為奴欺主任何人皆可欺老好人一個不會拒絕別人。

紫微見科文空曜同宮不加煞不宜從政樹敵。

孤君不見左右及空曜，幻想做老大老闆，不服輸固執又執著，喜研究哲學與宗教有緣。紫微加空曜華蓋天刑未必出家。

喜會左輔右弼、天魁天鉞、祿權科夾、科祿六合（利公職）。

紫微加左右、天府、天相、天同、天梁個性必好。

紫微加左右富貴，命宮福德宮若無左右輔佐個性難免孤僻。

紫微或天府左右夾最好，君臣慶會府相朝元才能擅經邦。

紫微固執如福德宮有左右則不會。紫微左右同宮一呼百諾。

紫微不見左右加吉也有力量。命宮福德宮加空曜大耗有左右有奇招。

不見左右加華蓋天刑宜僧道加博士昌曲有突破。

紫微有天相、昌曲（才華）為部從，加文昌考運佳加文曲喜課外書無拘無束。喜左右、昌曲、魁鉞、祿馬，紫微求名不求利比較好。

喜有左右及祿增加收入，有祿馬昌曲魁鉞能制紫微加煞的狂妄個性。

天梁、紫微、天府加文曲聰明口才佳宜理工學術研究。

三台八座與左輔右弼，天魁、天鉞、文昌、文曲同宮或夾紫微、太陽坐命有名望。

無道之君（暴君、鴨霸）命宮為孤君無吉反而有（羊、陀、火、鈴、化忌、天刑、天虛、陰煞等煞星）個性不良脾氣暴躁不忠不孝，煞愈多更奸詐霸道多災假仁假義奸习

無道，主觀強思想不正四周多為小人會聽信讒言受他人所支配沒本事一生淒涼無成。紫微加煞會為面子花錢。

加擎羊代表刀剛毅增勞碌加強主觀孤傲一意孤行丟天下破敗。

能制火星之星是紫微、七殺、貪狼、廟旺擎羊。

紫微加火羊為火羊格加強紫微威權（只是加羊無火破格）甲乙己癸生人財官格，化權化祿喜相逢富而不貴有虛名。

紫微加煞不見吉行運太陰（代表暗陰險自私自利說三分話）不可交心。

加煞同宮無道心術不正。加諸煞君在野小人在位奸詐假善。加四煞美玉瑕疵日後不美。加四煞不見吉下格。

紫微怕羊陀大於怕火鈴。紫微制火鈴為有用。加火鈴疑心病重凡事親力親為不放心別人做較辛苦。

流年命宮加火鈴橫發橫破喜高級玩樂消費大。

紫微桃花星多如貪狼、廉貞、天姚、咸池、沐浴等酒色財氣通沾也好色，無煞及桃花則沒有不良嗜好。無祿無輔佐是孤君加桃花易近風塵。

加天虛大耗事倍功半想的太多。

（壬）紫微化權霸給人壓力大，傳統固執主觀專橫能堅定積極有主見，領導地位高更強勢容易得罪別人，有判斷力能獨當一面，權勢一把抓喜歡做老大老闆格，自我要求高易隨心所欲，私心重能掌財能制惡少為他人著想，

想有所作為，對於研究傳統有關的是特殊專業知識都受到肯定有權威。

不喜在六親宮位。紫微化權加昌曲煞星聰明但會自誤。

紫微化權加煞喜親近貴人。紫微化權化科力量不夠。

紫微有左右少辛勞無左右無所為，虛有其表。

紫微太陽武曲廉貞殺破狼自化權或遇化權有能力但比較霸道。

有祿時在武曲化忌破點小財消災煞多所剩無幾，無祿困乏加上壬生人財帛宮武曲化忌只是表面風光而已。

壬年紫微化權及乙年紫微化科兩者制煞稍為解七殺、破軍的惡但壬年武曲化忌（財帛宮）破點財消災。

（乙）紫微化科－為人寬厚人緣桃花好，獨立有才華多學多能興趣廣，被他人所敬仰名聲好有貴人，利考試知名度高有權威事事順利心情愉快，宜公眾事業公家政治發展研究學問有特殊才能。無左右無所為虛有其表。

加吉是非嫉妒隨名譽而來所以不化科反而少波折，煞忌重重浪得虛名貴人不顯懷才不遇加煞、桃花星損名譽。六親宮位喜紫微化科。

乙年紫微化科、戊年太陽化科、辛年文曲化科以上在命宮或事業宮增加風光榮譽。紫微化權化科力量是不夠的。

紫微、廉貞、武曲必三方見，殺破狼必三方見，府相必三方見所以：

紫微七殺、廉貞破軍、武曲貪狼必三方見（陽巨－寅、

陽巨－申）。

紫微破軍、廉真貪狼、武曲七殺必三方見（巨門－子、巨門－午機、巨）。

紫微貪狼、廉真七殺、武曲破軍必三方見（巨門－辰、巨門－戌同、巨）。

紫微、廉真天府、武曲天相必三方見（同巨－丑、同巨－未）。

紫微天相、廉真、武曲天府必三方見（機巨－卯、機巨－酉）。

紫微天府、廉真天相、武曲必三方見（巨門－巳、巨門－亥陽、巨）。

6. 天府（土）：任何宮均為 1（廟）

命宮：天府屬土是令星、正財星、祿庫、與紫微一樣是帝王之星國王星不喜人侵犯又被動、天府太陰主藏主孤為宗教星。天府隨遇而安能延壽減惡。天府表面上態度溫和屬於外柔內剛，慈善莊嚴，固執主觀，賢明厚重，穩定自尊心強，傳統保守小心謹慎，聰明有智慧多能，有才華領導力強。

天府能獨當一面，接受別人意見但缺開創力，善排解糾紛府相圍事，為官多亨通之兆，能掌權要練習創意，孤單善於偽裝，應對得宜，長輩提拔，高傲喜人奉承，愛現愛面子，會拖延，雖有惻隱之心，但理智重於感情，對感

情認真富貴，喜安逸享受有福氣，重享樂安於現狀，喜駕馭別人不喜被人管束，求好心切不喜辛苦。

天府最忌破軍（夫妻宮）。

天府、紫微加左右、天相、天同、天梁以上無煞個性必好。

天府為財庫會想辦法弄錢，貪而又無膽畏首畏尾太謹慎又不甘心守窮。

財運佳喜現金，會存錢理財能力也好，不缺錢不必為錢所苦，愛惜錢財能藏財而非能生財，在保守中運用錢財。加吉可當財長，宜股市或獨家有特色專利，做小本經營老闆，如開便利店以現局發展，宜公職不宜經商。

廉真（辰戌廉府同宮）、紫微（寅申紫府同宮）、天府遷移宮必為七殺，天府無輔佐太弱，被對宮七殺太強拖著跑會，空虛寂寞，事業穩定後會疲倦感，消極無目標過日子。七殺有衝擊力與天府永遠相對互制。

天府福德宮必貪狼。有天刑人挑剔加天鉞人深沉。

天府加煞為人狡猾及紫微則會與人正面衝突。長輩星是天梁、天府、紫微。

強勢星是紫微、天府、太陽、太陰、武曲、巨門、殺破狼。

天府（君）天相（臣）天祿（祿存）三方四正會君臣慶會格局比紫微小。

天府領導力不如紫微。天府、天相必三合方見。

天府不喜獨坐也不喜在交友、父母宮強在別人非自己。

天府安穩就快樂有化科等於是魁鉞夾，有名聲信用好。

但加安定星紫微、天相、天同幫助就不大。天府、天同宜女命能穩定快樂。

講究吃重視穿著打扮及美化佈置家庭，但不喜做家事心情好可以做一點。

天府、天相、太陰一樣喜打扮服飾業，文化事業建築生產飲食店面。

天府天相為一路之神，天生不愁吃穿，不喜下廚怕油煙，適合開超商，與貪狼一樣愛酒食、天相油湯、天廚龍池鳳閣都注重飲食。

天府在田宅宮或府相會命宮，食祿千鐘（官階）。

府相朝元（紫微或坐命）以吃為第一。府相朝元全家都有食祿。

天府天相衣祿之神仕途亨通。天府與天相均主多。府相為紫微股肱。

府相永遠三方見組合好，公家主掌印，（天相）組合不好，平常之命，尤其卯酉宮天相弱陷。

天相刑（天刑、天梁）忌（丁生人巨門化忌）夾印（天相）破壞天府穩定。

天府要看天相組合定吉凶，卯酉的天相弱陷無助無作用，尤其是刑忌夾印。

天相要財蔭夾印才加分，刑忌夾印則更減分。

天府力量配觀對宮的七殺紫微，福德宮的貪狼愛吃醋，天府坐命強取豪奪尤甚。

天府命宮疾厄宮脾胃、肌肉、皮膚病。

天府坐命夫妻宮必是破軍或貪狼，配偶或戀愛對象容易情緒化感情用事，宜晚婚。天府命宮、流年夫妻宮遇天府想結婚。

大限流年遇天府貴人提拔，結婚發財喜事多（包括家中女人懷孕）。

夫妻宮府相朝桓格（天府天相三方照）或府相（廟旺）朝命必榮，或天府或天相廟旺坐命有福氣、有食祿，人際關係好，對事業有幫助。

天府在福德宮與命宮一樣有福報能掌權。

天府加三奇（祿權科）輔佐多當主管財運佳，東做西成沒有刻意追求而得到。

天府加吉有機遇，有信心最好。要加吉有祿（祿存、化祿）好但加祿更保守，七殺有祿才安定加輔佐才有開創力，從艱辛中奮鬥非現成，能白手興家並激發天府。

天府能見祿安定中求發展與祿存同宮富足。

財帛主有太陰、太陽、天府、武曲。

天府為財帛田宅福德主，所以喜在財帛田宅福德宮與不動產有關為財庫。

財星喜化祿，己年武曲化祿、丁年太陰化祿能累積財富、天府加祿中晚年有成。天府怕化忌破財、加空曜空庫、

煞星沖破損失或白忙一場。

天府加祿存及化祿太多祿，太重視金錢會自私自利。

紫微、天府、武曲加權祿主富尤其行運重疊主大發。

天府懶得動腦筋，加昌曲左右或魁鉞夾增加其表現慾。

天府祿存昌曲會有巨萬之資，條件天府在財宅位加祿存昌曲還看天相組合好（財蔭夾印）才是巨萬之資。

天府加祿馬昌曲左右為軍政要人主管，高第榮恩或商界文人或發明家揚名。

天府左輔同宮尊居萬乘（身份高）。

天府加左右能精通文墨，天府加煞沙文主意大男人大女人。

天府或紫微左右夾最好，君臣慶會府相朝元（紫微或命宮）才擅經邦。

天梁、紫微、天府加文曲聰明口才佳宜理工學術研究。

天府、天相昌曲左右夾不為空庫左右可代替祿。

如果無祿有左右昌曲或左右昌曲夾或身宮有昌曲命宮有左右，反之也算都不叫空庫算吉利組合。喜左右龍鳳夾、輔佐星增幹練能担大任可任財官。

天府昌曲夾溫文儒雅，加魁鉞昌曲增才華野心，能改變太保守。

天府加昌曲增文墨，口才自傲，發牢騷，仍須要左右夾更好。

天府加昌曲主學識，社論政論報紙方塊文章，為豪門

親客，再加化忌，書讀不好考運差，自傲愛發牢騷，認為懷才不遇。

天府左輔同宮無煞沖（對宮）極品之貴高官，右弼屬水洩氣（土剋水）會差一點。

天府昌曲左右高地思榮，即天府身命宮加昌曲左右主富，貴財經界受長官提拔食祿千鐘（官階），無煞沖一生順遂無風浪有成就。

天府遇太陽昌曲左右，必中高第登首顯，沒有左右也一樣。

天府與太陽不交會，應該是行運到太陽也有利與考試。

天府為帑藏（藏財）君臣慶會更喜左右會或夾，能制化羊陀、火鈴、空劫化忌，為善不順利時能加以化解目前無驗證。

紫微、天府、太陰、太陽以上要輔佐星左右加強能力，左右夾最好比同宮好。

天府加天姚咸池煞星會投機心機也重，說話不實在權術陰謀心性靈巧不踏實嗜酒色貪賭，再單見文曲斯文敗類，尤其是己年文曲化忌，巧言令色喜佔小便宜，貪汙司法黃牛古代師爺，天府加天虛大耗桃花星也一樣。

天府加天姚、咸池、太陰、右弼多奸險如有祿則影響有限，如空庫受影響耍心機。天府加天壽心開擴。天府加煞星增加對錢財追逐動力。

壽星是紫微、天相、太陰、武曲（子午武府要無煞）、

天同、天府、天梁、天機、貪狼。

天府加化忌大耗會想辦法弄錢，天府沒有貪狼膽子大要進不進猶豫不決。

天府加煞星眼光流串，為人奸詐斤斤計較小氣，太謹慎畏首畏尾，不甘心貧困，雖主困難不主官非。

天府加煞星增加對錢財追逐動力，受羊陀干擾大不喜羊陀會破財，如果是勞碌奔波能減輕煞星破壞力，天府、羊陀殺傷力大於加火鈴。

天府加四煞（福薄貴減）劫空，遇事取巧減輕順遂最不佳，生財怕劫空，只要不經商財波動不大，財來財去不至於生活困境。

大運走到天府加四煞也會極端一點，挫敗或遇投機朋友或做投機事。

天府加空亡無祿無左右為空庫，透支孤立。天府空庫加吉會有機遇、有信心。

天府加空加祿還是不宜經商，受到排擠孤立，心存猜忌，人緣不佳，縱使得財後也很快就流失。

天府加空曜、太陰加火星個性不良、武曲化忌、祿存同宮羊陀夾、四煞忌沖對身體有害。天府加空劫耗忌閒蕩最後無所事事無工作。

天府空庫坐命，孤立寂寞，閉塞不合羣須自救，加劫空會有奇想發明，但神經質更不宜經商。空庫漏庫均破財。

空庫加煞為漏庫，為人奸詐無鬥志財暴露，會爭奪不

吉坐失良機，增加辛勞巧取豪奪，外表圓滑，心虛偽奸詐無財運還要追逐。

天府亥宮坐命吉利，宜公職文教，理財有方，個性保守謹慎，較利女命。

天府亥宮比巳宮的天府好，因為陽巨在寅宮比陽巨在申宮好，寅宮陽巨初升的太陽能減少巨門的是非，比申宮陽巨黃昏日落西山的太陽好。

7. 天相（水）：卯酉 3（陷）其他宮 1（廟）

命宮：天相屬水主智慧，為印星代表文書，證書契約、支票證券，屬百官廟旺，為太師軍師智勇雙全，成熟穩重雍容華貴，文質彬彬君子斯文，謹慎客觀癡情，廟旺（非卯酉宮）五官端正溫和大方，誠實寬厚慷慨正直，慈愛、謹言慎行好好先生，公正而思考周詳有正義感，缺主見個性沒魄力但隨和，積極能言善道喜交朋友為他人著想，有服務惻隱之心，能布施助人，不虛偽，犧牲奉獻幫助別人，但得不到實質回報，廟旺進財，誠實穩重，理想幕僚人才，廟旺有始有終，宜領薪上班族，加煞有才藝表現。天相是第二為副星，敏感易為情所困，物慾重易受環境影響，因此缺主見牆頭草，可塑造性高聽話以上司為主，與貪狼一樣遇善則善、遇惡則惡，要看跟的主管或環境好壞而定。天相注重飲食服裝、要不須學歷的職業。

喜歡與家人聚、重視朋友對外人好（天梁也是對外人

好）。

天府、天相為一路之神、天生衣食無缺不愁吃穿，與貪狼天廚龍池鳳閣一樣注重飲食。天相為多管之星雞婆（天梁也雞婆）有口福愛吃。

天府、天相、太陰一樣喜打扮，服飾業、文化事業、建築、生產、飲食店面。天府不喜下廚怕油煙，開超商、貪狼愛酒食、天相油湯。天府、天相、祿存均主多。

主福善是官祿星，可當幕僚機要秘書是佐帝之星，天機也是幕僚星。當副首不坐正主管，管印著非執行著，像書童管家無實權，勤快任勞任怨身心疲憊，保守設限無創新與天府一般，有匡扶力，欠領導力，組合好能管理，有才幹但缺執行力，要有人先推動聽命行事，天相有調解能力。應該能通權達變能力但易受環境影響。

天相政治性公家行政管理人才與天機為幕僚人才，天相浮動有謀略計劃人才需培養通權達變能力，缺領導能力有扶助能力。

天相穩定收斂宜貿易公司經理秘書領薪。

紫微、廉真、太陽、天相廟旺與政治公家有關要加吉無煞。

天梁、天機、天相、巨門不可當老闆。

武曲、貪狼、廉真、天相、天才、鳳閣以上聰明好學多才多藝。

天相感情衝動重感情易為情所困，物慾重又愛管愛面

子。

　　天相不喜天府（必三方見）、左輔兩者同屬土，因土剋水（天相）。

　　天相永遠與破軍相對，有相制作用（卯酉的天相弱陷則不能），破軍無四煞四化則破壞性不大。對宮的破軍波動、七殺艱辛勞碌、天梁多憂慮。

　　破軍吉化出外佳但會先敗家產，因破軍先破後成，如果破軍加煞天相吉化財蔭夾印，則在家鄉發展好不宜出外。行運殺破狼、廉破武時不順心。

　　天相對宮必見破軍即見殺破狼，宜做小對象可能是主管。

　　安定星＝紫微、天相、天同、對天府幫助不大。

　　紫微加左右、天府、天相、天同、天梁以上個性必好。府相為紫微股肱。

　　壽星是紫微、天相、太陰、武曲、子午武府要無煞、天同、天府、天梁、天機、貪狼。

　　天府、天相為衣祿之神，仕途亨通，所以說府相圍事為官多亨通之兆。

　　尋府看相逢相看府，府相朝元（命或紫微）要看府相組合好不好。

　　府相永遠三方，見組合好公家主掌印（天相）組合不好平常之命。

　　命宮事業宮的天相（卯酉宮弱陷除外）、紫微、廉真對事業企圖心大。

天相在乎夾，權（化權）蔭（天梁）夾印（天相）與財蔭夾印是好的，

天相要財星（武曲、太陰）蔭星（天梁）夾印得庇蔭助力才加分。

財蔭夾印中午晚上吃大餐。

七殺、天相喜財蔭夾印即要祿、化祿或財星與天梁夾，天相隨主官而肥，無法財蔭夾印，有可能是雙祿夾或馬頭帶箭（子或午，有擎羊）都好。

天相刑忌夾印則減分，破壞天府穩定被權謀所害。

天相刑（天刑、天梁）忌（丁生人巨門化忌）夾印（天相）破壞天府穩定。

刑忌夾印不佳卯酉宮天相弱陷尤甚。

刑忌夾印昌曲夾有不得已的苦衷，明知不利而簽約損失。

不喜刑忌夾印，即羊陀或天梁與化忌夾天相，古代人出家，現代不上進頹廢隨遇而安，或天相比較不怕羊陀但怕羊陀夾也算刑忌夾印，一生隨波足流可能出家。

丁年刑忌夾印，一生壓力刑剋是非多。

戊年天機化忌、庚年天同化忌比丁年巨門化忌好。

天相火星同宮，易得癌及天相加羊陀容易殘疾。

不喜火鈴沖災禍殘疾勞碌功敗垂成，需要加強修養在任一宮均破敗。

天相、天機加煞更不穩，會隨波逐流。加四煞孤獨破

相殘缺或因財被劫。加煞或陷宮卯酉宜技藝為生。流年煞多有意外災厄。

廟旺的天相陰柔能調合廉真變，重信重友誼有同情心，天相卯酉宮弱陷則不行。

天相守命紫府身宮與辰戌紫相一樣好爭權奪利。

天相也看紫微（不見紫微或化權星（做事有勁）會推卸責任）主貴。

加三奇（祿權科）也可坐正主管也可，當外交官調解員，其缺點好勝心強。

天相加右弼同氣都屬水福來臨，受人提拔天相不夠獨立。

天相左右夾君臣慶會治國經邦之才。

喜左右及三方的天府增貴福氣。天相左右魁鉞三台八座恩光天貴天德解神天巫再加科權祿、祿馬有專業技術，出將入相或女性夫人命，不可到最高位會失敗。

女命天相廟旺無煞，夫賢子貴，賢妻良母相夫教子夫人命。

天相坐命與配偶年齡差十幾歲好，丑未紫破，相尤甚可能大 12 歲。

天相坐命命例，查理王子開創型我行我素。希拉蕊有行動力冷靜理性。

相貌端正太陽，太陰，天相，天機，天同，天梁，文昌俊美清奇文曲更細膩。

天相加文昌喪命天年，個性叛逆，性暴自以為是，但文章好。

廉真、丑未廉殺，天相、殺破狼、天同、巨門以上忌見昌曲感情不順。

尤其式子午卯酉的天相最不利感情也最俊美。

天相不喜昌曲沖破，感情不順，加昌曲有才藝，古代藝妓算不吉現代未必。

天相尤喜紫府昌曲夾、左右夾、龍鳳夾為貴人顯助。

天相昌曲夾好天相增智慧，但更沒有主見會聽從別人的。

天相昌曲左右會位至公親，公職有頂頭上司撐著不宜做最大。

天相無煞加吉從政有煞則從商。

天相做事有條理耳根子軟，但是沒有毅力做事虎頭蛇尾。

天相加煞星尤其是弱陷的天相（卯酉）人際關係不好，謹慎又膽小短視，會因小失大。

天相加擎羊會有災禍。天相忌陀羅同宮易猶豫不決。

寅申宮武相、子午宮貪狼坐命喜加火星，橫發橫破，要見好就收。

天相加火鈴（癌）大凶，長相更俊美等於見地劫、地空，但個性太急燥容易有災疾，或在最後一刻突然破敗功敗垂成，要見好就收，其傷害大於羊陀。

武曲、廉真、巨門、破軍、天相加火鈴癌機率大。

天相、廉真化忌、天同、巨門、武曲、弱陷太陰太陽天哭六親紛爭。

8. 武曲（金）：卯酉巳亥 2（平）其他均是 1（廟）

命宮：代表肺、皮毛、鼻子、刀、金屬機械，是寡宿星主孤剋，充滿男子氣概，是財星謹慎，精打細算愛賺錢，個性堅毅，慈善敏捷，領袖級古代的將軍，為文星多才多藝，循規蹈矩一板一眼不知變通，不浪漫，強迫意味濃，不利婚姻，欠圓融，主觀倔強謹慎思考，要求完美吹毛求疵，性剛強勢，善良能吃苦講義氣，重權利物質同時善良保守，執行力強衝刺多表現稍急躁，與七殺天機相似也會多意外。

武曲對於財富自己辛苦經營獲得，用行動力去賺取，太陰對於財有概念策劃力。為財星財帛主，武曲在財宅位（財帛田宅宮）橫發資財。

工作宜金融、軍警、建築測量、餐飲、珠寶，也宜公職。

三方必會廉貞形成財與囚仇格，行運廉貞會破敗，丙年廉貞化忌小心交、交通意外事故，財星喜化祿己年武曲、丁年太陰、天府加祿則中晚年有成。

武曲貪狼七殺可經商，但不可有空曜。

武曲卯酉武殺、巳亥宮武破、遇昌曲或是煞星個性不良。

廉真、武曲、貪狼、破軍加吉可善加煞可惡。

貪狼、武曲、破軍無吉迷戀花酒以忘身。

軍警星紫微、羊、天刑、武曲。　剛星＝武曲、廉真、殺破狼。

武星＝殺破狼、武曲、廉真、天刑、擎羊可軍職。

強勢星＝紫微、天府、太陽、太陰、武曲、巨門、殺破狼。

壽星＝紫微、天相、太陰、武曲、子午武府要無煞、天同、天府、天梁、天機、貪狼。

武曲女命有丈夫氣概，女強人事業有成對婚姻不利，會婦奪夫權，讓其掌權好與廟旺的太陽坐命相同。

大限流年加吉財豐、結婚生子名利雙收。武曲身命宮一生不守財。

武曲守命福非淺，入廟加祿權科、天刑為社會名人成就事業，其內心孤獨，意見多矛盾。加天刑軍警宜武職。

紫微、天府、武曲加權祿主富重疊更大發。

武曲守身命（刑剋父母）或在辰戌丑未子午宮，適合國外發展。

最喜魁鉞財官格，無煞掌經濟大權，為財政要員，加左右、三台、八座為豪傑。

財帛主太陰，太陽，天府，武曲以上也是財星，財富承祖業或自己累積。武曲加祿存聚財，守財奴祿多，利己損人不擇手段。

祿存星不喜貪狼或武曲會肥己之私。

武曲喜祿存會照最喜化祿，多途賺錢機會，減孤剋武曲不喜祿存同宮羊陀夾，礙手礙腳為賺錢不擇手段自私自利。

武曲加祿馬愈動愈發，遠地發跡大富，不會勞心勞力。

武曲、貪狼、廉真、天相、天才、鳳閣等聰明好學多才多藝。

紫微、天府、武曲加權祿主富，尤其行運重疊主大發。

武曲喜天府左右外剛內忠厚老實，加魁鉞、祿馬、天梁，比左右（增忠厚）更有貴氣。喜左右魁鉞、祿馬，男女豪傑富貴果斷。

武曲、太陰加左右衣緋著紫。

左右遇同梁、機巨、武曲、殺破狼解孤剋。

孤剋星＝七殺、破軍、紫微孤君、天梁、武曲比較不浪漫，加點祿或桃花星（天姚除外）解孤剋。武曲不喜文曲增個性矛盾。

武曲不喜昌曲、與化科屬水氣質不同，金生水洩氣憂柔寡斷。

武曲加昌曲文武全才能文能武，名醫、廣告設計、工程師、顧問公司、部隊。

武曲加文曲金生水洩氣會憂柔寡斷，想法多矛盾意見，加文昌易形成凶格鈴昌陀武。加昌曲、擎羊、化忌孤獨容易離開世俗。

廉貞、武曲兩者文武雙全不可加四煞，感情不順遂不長壽。

鈴昌陀武等於是鈴昌武化忌，三方四正組成鈴昌陀武限至投河，未必自殺，像是巨火羊一樣會有疾病、意外機率大，加煞重小心。

鈴昌陀武大限流年同宮或對宮組合起來殺傷力大，判斷錯誤，失敗自取滅亡，破大財、坐牢、意外災病、車禍、手術、自我滅亡。

鈴昌陀武同宮或對宮流昌流陀都算。

鈴昌陀武或火昌羊武兩者有凶災破大財。

在第一大限遇之小時易發生意外災病夭折，命例被偷抱走都有可能。

武曲與七殺一樣為將星、孤獨星，主孤剋宜男不宜女。

巨門、七殺、天機、左或右獨守無主星，加四煞虛而不實心性不良。

武曲加擎羊、七殺、空劫因財施刀或工作需要刀。

武曲加羊陀（衝動）、地劫煞星會因財持刀，為錢起糾紛增困難，因武曲剛烈行動派、宜討債公司混混，男孤女寡、加煞出外技藝與刀有關。

丑未紫破或是武曲會羊陀欺宮，禍亂判逆、個性強專踩人不擇手段。

貪狼、廉真、武曲、破軍羊陀湊巧藝安身，以上星分守身命宮也是。

武曲怕火鈴，惡性競爭大，限武曲或是貪狼加火鈴不擇手段搶奪。

武曲怕火鈴夾羊陀沖為財訴訟或有獄災，加煞武職無煞，宜文職，從事軍警刑法與煞同宮宜武職文做。

武曲與貪狼加火鈴橫發橫破，一樣為財不擇手段，因財被劫，一時衝動誤判而失敗，要加吉無煞或見好就收

武曲加火星，火剋金，呼吸系統肺部心腎影響神精，消化系統。

武曲加火星七殺為事業利財，但會有意外災。

武曲加火星孤辰寡宿強化孤剋，在大限十年無法成就姻緣。

武曲加火星大耗虛驚、火災、官司。武曲加羊陀火星容易因財喪命。

武曲火鈴同宮因財被劫或因財惹禍。

武曲與火星化忌孤辰寡宿同宮，變化大更孤剋。

武曲加煞尤其火鈴、破軍、化忌，早喪偶晚喪子孤獨之命。

武曲、廉真、巨門、破軍、天相加火鈴癌機率大。

武曲加四煞（羊陀火鈴）要孤貧破相能延壽，與武曲加寡宿一樣宜打鐵工匠或屠夫。

紫微、武曲、貪狼、天同、天機、天梁坐命最強遇災不會送命。

武曲加天刑，六親緣薄增孤剋，再加祿權科，社會成

為名人有人奉承。

天相、廉真化忌、天同、巨門、武曲、弱陷的太陰太陽們，忌諱天哭會有六親紛爭。武曲加空曜，花錢大方不聚財不會成巨富。

武曲、貪狼、七殺可經商不可有空曜。

武曲怕化忌、空曜、煞星沖破損失或白忙一場。

武曲加空劫、大耗、遇破軍經濟困難事業擱淺。

武曲加桃花星減孤剋，中年後橫發後會因色傾敗，加桃花星、昌曲會輕浮。

武曲加桃花星再加空曜，橫發後因色傾敗。

主星武曲、天機、貪狼、破軍加桃花星宜投機性得財。

武曲廟旺辰戌丑未子午命宮事業宮，加魁鉞宜銀行經理適合威名於國外，利於西北生人年支辰戌丑未生人，東南生人的我們富而不貴。

己年財星武曲為正財星，化祿減少剛直孤寡，較圓融喜化祿坐命愛賺錢，辛勤生財有道以行動求財，不主計劃不經意得財能掌財，財旺經商可發，宜金融財政金屬利器加魁鉞無煞能獨當一面有發展，加煞賺錢辛苦亦能敗。武曲化祿加煞忌刑耗要憑一己技藝。

武曲化祿加劫空突增消耗破財，加上己年文曲化忌貪心周折多破損大。

己年武曲化祿喜遇七殺、火星、巨門中晚年有成。

主星祿或財星武曲、太陰不喜加化祿會不擇手段求財。

寅申巳亥天馬坐命己年貨己生人武曲化祿，祿存夾為財祿夾馬愈動愈發。

己年武曲化祿、丁年太陰化祿、天府加祿以上中晚年有成。

甲年廉真化祿、丁年太陰化祿、戊年貪狼化祿、己年武曲化祿，財來的容易且不間斷。

己年武曲化祿，個性較圓融能改善人際關係，宜經商或財務經理人。

不喜昌曲化科屬水（氣質不同），金生水洩氣容易憂柔寡斷猶豫不決，容易形成鈴昌陀武凶格。

庚年武曲化權坐命無煞，財經界看大限自創業或受僱上司提拔升遷，加祿存化祿會或己年武曲化祿可富有，但要注意文曲也化忌不要貪小便宜，加魁鉞可握經濟大權不可加煞，宜軍警、專業技術、金屬五金，加劫空實業工廠機器操作加煞星空辛勞難掌權，武曲化權命宮事業宮喜創業易有血光之災宜晚婚，庚生人武曲化權在六親宮位不利感情。

武曲與天梁一樣跟宗教有緣。

庚年武曲化權不講情面，一切依照規定，獨當一面，利武職、將才、軍警或財經，不宜經商（不圓融）以行動求財事必躬親喜掌經濟大權，不認輸堅持己見有權威，日夜忙碌（福德宮加煞尤甚）謀望有成技藝超群，更執著孤僻容易影響婚姻感情。

紫微、太陽、武曲、廉貞、殺破狼自化權或遇化權，有能力但霸道。

甲年武曲化科，增才藝出將入相，利武職領袖格局，學習能力強圓融人緣變好，有文藝修養，感覺有錢實質不一定會有錢，愛惜羽毛愛面子虛榮做表面功夫，氣質好有信用憂柔寡斷太小心謹慎，武曲化科是平穩之財心情好宜服務金融界，加煞漏財錢財不聚，浪得虛名弄巧成拙為名所累，事業倒閉會想不開，尤其是加擎羊不通人情。

甲生人武曲化科（化科人緣桃花）行運丙年文昌化科性行為開放。

壬年武曲化忌在命宮夫妻宮無吉有分開的可能或為家人花錢。

命宮疾厄宮武曲化忌動手術或意外手足傷殘、刀械槍金屬傷、需輸血針灸物理治療。武曲化忌在命宮福德宮思想極端。

武曲化忌在命宮、財帛、遷移、事業宮可能退休。

命宮遷移宮廉真化忌或武曲化忌加羊陀怕交通意外。

命宮事業宮武曲化忌自由業專業執利器，如加吉外科牙醫，加煞髮型師屠宰。壬生人武曲化忌短命（目前無求證）應該加鈴昌才算。

武曲化忌在子田線易出國。武曲化忌如在田宅宮主宅中有人去逝。

鈴昌陀武或鈴昌武曲化忌是自我毀滅自敗，尤其在辰

戌宮的武曲。

武曲化忌、太陰加火星、天府加空曜、與祿存同宮羊陀夾、四煞忌沖對身體有害。壬年武曲化忌會有大花費。

武曲化忌刑配偶剋子女易起色慾心，容易衝動非性無能，性功能早年強、中老年不舉、性冷感或體力不支容易無能，此時萬念俱灰。

壬生人或壬年武曲化忌、火星、擎羊不利婚姻。

壬年武曲最忌化忌武曲性剛破壞力強更孤僻，獨坐或化忌容易事情無法轉還的餘地，而工作中斷影響收入儲蓄減少，財務糾紛、感情糾紛都有可能發生，或主疾病或少年遭重災病有孤獨感，加其他化忌星事業失敗或退休或被搶，破財短命凶亡。大限武曲化忌長期失業可能。

武曲化忌加吉可能過分擴張，或轉換跑道而中間停職，加煞斷炊焦頭爛額不堪收拾。

壬生人武曲化忌六親不認，有文曲會想不開高血壓心血管中風。

武曲化忌地劫地空夾、羊陀夾忌或武曲化忌加破軍、祿存同宮使羊陀夾忌沒有學習能力。武曲化忌加羊陀因財意外災或重病壽夭短命。

壬生人武曲化忌行運丙年廉真化忌、丁年巨門化忌有血光之災。

壬年武曲化忌或丙年廉真化忌加官符見血光。

太陰化忌，太陽化忌，武曲化忌，巨門化忌與官府同

宮官非錢財糾紛。

貪狼加煞重或丙年廉真化忌或壬年武曲化忌災厄容易做仙。

壬年武曲化忌、丁年巨門化忌、戊年天機化忌、丙年廉貞化忌（尤甚）、以上最怕化忌會破財小心票據官非。

9. 太陽（屬火）：卯辰巳午未1（廟）寅申2（平）酉戌亥子丑3（陷）

命宮：太陽代表腑、代表男性、父親、父亡代表男性的自己、老公、長子、影響陽性六親、為女性桃花星、照耀他人給人溫暖卯辰巳午未1（廟旺）的太陽能減輕巨門暗即是非。為事業宮主所以適合在事業宮。

代表大限前五年、上半年、上午、日生人吉。

影響陽性近親推斷父吉凶，父不在時男代表自己，女代表丈夫，夫不在代表兒子。財帛主是太陰，太陽，天府，武曲。

太陽主貴屬火為瞬間剎那間是財帛事業（官祿）田宅宮主。

宜公職民意代表或大企業服務業、社工、中醫、律師、傳播，自由業辛勞而後得。紫微太陽長相端正。

紫微、貪狼、太陽、廟旺天梁強勢愛面子。

紫微、廉真、太陽、天相廟旺與政府政治有關要加吉無煞。

強勢星＝紫微、天府、太陽、太陰、武曲、巨門、殺破狼。

天機永遠在太陽坐命的福德宮。太陽古代代表人物王熙鳳。

太陽、祿存同宮富貴雙全但辛苦，太陽加雙祿變一毛不拔守財奴。

太陽、巨門加文昌感情困擾多。日與月加昌曲出世榮華加左右也佳。

日或月在疾厄或命宮加空曜瘦弱有眼疾。

太陽、太陰、紫微、天府、要祿（祿存化祿）及左輔右弼來輔助。

左輔遇太陽、昌曲、左右、必有高職。

廟旺或行運加左右諸吉大小限同宮有驟然（突來）之喜。

太陽喜左輔，太陰喜右弼反之助力弱。權祿夾左右夾主貴。

喜百官魁鉞（近貴）、左右、三台八座增光輝。加昌曲魁鉞名顯。

恩光、天貴同宮多主受殊恩榮耀加身，吉多能文能武地位愈高愈富。

太陽、太陰、天相、天機、天同、天梁、文昌俊美清奇文曲更細緻些。

太陽喜昌曲左右尤其是三台八座增其光輝，太陽喜天

刑武曲武職。

太陽加昌曲不俗氣，無昌曲言行庸陋。

太陽加昌曲又有巨門化忌破財，不要做保簽本票。

三台八座與左輔右弼、天魁天鉞、文昌文曲同宮、夾紫微太陽坐命有名望。

太陽被煞衝破父親身體不好，太陽加天馬為貴馬。

加煞性剛烈端莊凝重，陽性近親影響，自己本身也辛勞。

加煞多注意頭部、眼部病、沒有成就或父親死於意外遭感情波折、或落風塵做公關。加羊陀多剋親。加四煞橫發橫破。

太陽加天刑武職貴（軍警調）。加擎羊天刑白虎官符，家人吵同事恰。

太陽加火星太放，天真情緒化意氣用事，感情用事不擇手段，心狠手辣辛勞，少人緣人際關係不好。

太陽加煞多天刑空劫刑剋，易入空門解桃花或獨身。

太陽地劫地空夾，與男士不好結緣，或加地劫地空男人緣差。

太陽放射星不可再加放射星，如火鈴、天馬、孤辰、寡宿、天傷、天使、飛廉破碎則更辛苦奔忙疾病。

太陽坐命不管廟旺弱陷，有沒有煞皆主幼年剋父（與父緣淺相處不佳或與父感情好，但父親不長壽）中年男女剋自己，晚年剋子，在身宮亦是。太陽在命宮、田宅宮、

父母宮也一樣。

太陽坐命行運遇破軍會同居感情糾葛，離婚第二春或結婚有外遇。

太陽命宮疾厄宮、福德宮，甲年太陽化忌頭部易受傷頭暈頭痛。

太陽不畏辰戌丑未四墓地但辛勞。

大限流年太陽加吉，添財進福結婚生子。

太陽加巨門、破軍勞碌是非多。

太陽坐命、遷移名大於利有名聲才有利。

太陽與巨門一樣口舌是非多、六親有損、少年生離死別、老年喪子或不在身邊。

廟旺為人急燥，甘脆利落光明磊落、主動積極熱情豪放、開朗大方、海派樂善好施、聰明博愛心慈不與人計較，度量寬宏敏捷直爽灑，脫性剛好動愛面子，好交朋友愛，旅遊容易感覺無聊。

太陽廟旺不求回報，亥子丑太陽弱陷愛計較要求回報。

寅申為強弱分界點，太陽寅宮好於申宮。太陽廟旺加吉終是福。

廟旺時為忠臣，腦筋動得快熱情爽朗有活力，博愛正直，樂善好施不求回報，自滿任性勇往直前不掩飾，內心情慾重感情且會忽略他人感受，也想去改變對方疑心病又重嘮叨、自殘、伶牙俐齒善辯愛面子、但寬宏大量志氣高福壽。

太陽喜在寅卯宮，巳午未宮名大於利表面上受尊重因高傲嚴肅，直言不諱人際關係不佳。日生人即白天生人為卯辰巳午時生人佳（廟旺）。

太陽卯辰巳午廟旺或太陰酉戌亥廟旺早發，一定要加昌曲魁鉞才符合。

卯辰巳午宮的太陽廟旺則可稍解巨門的是非，但太陽還是受影響。

尤其巳宮的太陽廟旺能解對宮巨門的暗是非。

四馬地的太陽主貴與天馬同宮，積極主動，愈動愈發利升遷，亥宮稍差。

太陽卯辰巳午廟旺，女性強勢婦奪夫權。

喜廟旺加吉文武全才，缺點主變動會心高氣傲，夜生人不吉。

行運廟旺，結婚喜慶升遷進財生小孩，廟旺得祖蔭宜建築仲介投資。

太陽弱陷戌亥子丑命宮疾厄宮眼疾重度近視，加火星親緣薄父親可能去逝。太陽太陰弱陷先成後敗。

寅未申酉戌亥子丑宮的太陽弱陷，無法壓制巨門的暗是非多，未寅宮太陽平和稍好。

甲年太陽化忌弱陷性急多猜疑，日月弱陷逢惡煞勞碌奔忙。

白天出生的人稍能展現優點。

巨門加文曲化忌、天梁化祿、太陽弱陷是非也多。

太陽弱陷與太陽化忌一樣，疑心病重口舌是非多。

太陽化忌與天馬同宮煩惱是非多。

太陽化忌戌亥子丑弱陷，近視一大一小、一高一低散光，亥子丑弱陷加煞人勞碌猥瑣，做事虛華沒耐性，多爭少成，小人侵害破財，思慮混亂頭昏頭痛。太陽弱陷或不強的太陽加巨門化忌必凶。

太陽化忌加祿，愛錢愛吃得財辛苦不閒，守財奴。

弱陷無煞人畏首畏尾還好，太陽化忌加煞星火星心狠手辣。

弱陷加四煞主辛勞有眼下之憂、刑剋父母、官非訴訟。

太陽 3 弱陷加劫空發明專利（洪通畫畫）。

不喜在申酉戌亥子丑弱陷加巨門口舌是非訴訟。

戌亥子丑太陽弱陷加巨門，勞碌貧窮忙與人寡合，招非，眼傷。

戌亥子丑太陽弱陷，左右同宮主貴。

戌亥子丑弱陷勞心勞力，加化祿化權也凶，事業不顯加煞帶疾。

戌亥子丑弱陷加煞多空劫，做事虛空多爭少成，小人破財頭昏。

戌亥子丑弱陷，勞碌不實，在加吉也短暫。

太陽弱陷加刑（天刑、擎羊）忌（化忌、陀羅）、陰煞天虛，為人猥瑣，六親刑剋且帶疾。

太陽在申酉戌亥子丑或夜生人，及太陰在卯辰巳午未

或日生人失輝。

太陽弱陷坐命，幼年不利父親或刑剋不合。

日月反背（太陽太陰都弱陷），雙目高度近視弱視是散光或大小眼。

弱陷行運加羊陀、火鈴有目下之憂或給父母找麻煩。

命例太陽弱陷坐命、父親體弱、少見面代溝、父親事業也失敗。

嚴重的是煞多幼年喪父或從小就離家等等。

天相、廉真化忌、天同、巨門、武曲、弱陷太陰、太陽忌諱天哭六親會有紛爭。

女性太陽坐命，太陽為女性大桃花星，異性緣濃有丈夫志向，性剛柔並濟能幹，不甘寂寞喜周旋男人之中，善交際宜晚婚。

女命太陽坐命，旺夫益子，早配賢夫信可憑，不宜早婚不美滿，入廟又日生人，貞烈豪爽丈夫氣，聰明慈祥，弱陷做事多進退性燥急，加火星太放天真，情緒化感情用事辛勞少人緣。

太陽權祿左右吉夾主貴女命一品夫人旺夫益子。

女性庚年行運三方見太陽化祿為結婚期（因太陽是女性的桃花星）。

庚年太陽化祿，化解疑心病口舌是非，多勞祿，猥瑣有目疾。

化祿因男性增加財源勞祿中發財，太陽非財星有地位

後才有財富財路廣。

太陽化祿熱情博愛富貴兼得廟旺主貴顯有實權，弱陷主勞碌富貴金額較小較少也辛勞。加煞一度風光不久。愛旅遊加劫空喜獨行。

辛年太陽化權坐命即辛生人，增加自信心，更有主見能掌權，愛管干涉他人容易得罪人，自己確不喜受約束，有時會資助別人，易受男性助力。太陽化權加煞不受人賞識不得部屬心。太陽化權落陷視力不佳。勞而無獲難有成就只有虛名。太陽化權比化祿好生活豪奢，專注事業。

太陽化權加吉掌權財經長日生人，財豐因好施剝削重，辛年文昌化忌親友借債不還，己年文曲化忌破財，不要作保、票據、開支票易上當。

紫微、太陽、武曲、廉貞、殺破狼自化權或遇化權有能力但霸道。

命宮疾厄宮加太陽化權便祕痔瘡、高血壓眼疾加煞更重。

命宮事業宮太陽化權行銷零售收現款，弱陷化權改善不利。

戊年右弼化科另一方面說法，太陽化科六親宮位有地位受照顧，命宮有左輔右弼尤甚。

甲年太陽化忌熱情博愛，主動積極自尊心強，性急多猜疑脾氣大，難溝通，但喜照料他人，出鋒頭愛面子招妒忌，壓力時常來自外界，坐命不利男性六親與父緣份淺加

煞生離死別。少年時不利父親，可能感情佳但父親身體差，或父親沒有責任感，或與父親男性無緣，重物質或為男性而破財，女性的配偶太陽坐命是非多，長兄有傷或長兄與父不合代溝，在老年剋子弱陷尤甚。太陽化忌加煞端莊凝重嚴肅少人緣或兒子早夭或不和。

女命太陽化忌對異性緣淺或不滿包括父親。

加四煞長子體差不可經商、眼頭部傷高血壓中風與男性無緣，男性瞬間破財。太陽命宮疾厄宮福德宮甲年太陽化忌頭容易受傷。

甲年太陽化忌坐命疾厄宮有頭疾、眼疾、失眠、鬱悶、災禍易傷頭部、眼睛疾病、勞碌口舌是非多。

雞婆勞祿是非多，尤其是與男性的是非多、更不喜歡爸爸防破相頭部及眼疾遭妒嫉人緣不佳。

甲年太陽化忌在兄弟宮、田宅宮，不利六親宮位加煞生離死別。

太陽命宮甲年化忌名聲高也為是非日，有招毀謗目還傷，宜命宮事業宮太陽化忌，宜從事律師、是非圈、檢調、刑法工作。

太陽化忌加擎羊天刑有意料之外的官非。

大限丙年廉貞化忌、丁年巨門化忌、甲年太陽化忌、乙年太陰化忌官非車禍外來傷開刀。

10. 太陰（水）：酉戌亥子丑 1（廟）寅申 2（平）卯辰巳午未 3（陷）

命宮：太陰代表右眼、晚間、下半年月日（太陰、武貪、同陰應於後半斷）、剋母、女性母去世會剋自己、剋女、身宮太陰亦同。

太陰外表斯文聰秀溫婉博學，多內心急燥沒耐性。有錢追求自由，喜遊山玩水，玩樂就快樂，計劃周密按步就班，做事小心謹慎敏銳執行時缺魄力，不莽撞但會拖延緩慢，事情到最後一天狗急跳牆才快速動作，不喜激烈運動，對方太急會保持距離，善書畫重隱私，自我保護也晚發。太陰照會或對宮或福德宮有福報。

太陰為財星田宅主，為動星（私密的動）主私利、善文藝、反應快。

太陰主富錢財，以正財為收入固定之財，為上班族慢慢累積宜做會計。

主感情智慧心活飄蕩，長的美容易有感情困擾。

天府太陰主藏靜具神秘感，保留沉靜和氣孤高要求完美不善拒絕別人，多愁善感憂柔寡斷，有心事壓抑競爭力低，愛不招自來，情慾不外顯有限度坦白，注重精神生活，重視衣著打扮，有同情心人緣好。

一生勞碌膽小怕事畏首畏尾，內向文雅柔順內斂不敢表達，説三分話，自私自利，奸詐保留。

太陽太陰弱陷先成後敗。天同、太陰、殺破狼想多做

少，天梁、太陰一定三方見，天機與天同也是。

天機、太陰、天相（光說不練不務實）坐命拌豬吃老虎。

天府、天相、太陰一樣喜打扮，服飾業、文化事業，建築、生產飲食店面，不喜下廚怕油煙或開超商貪狼愛酒食天相油湯。

武曲、太陰加左右衣緋著紫衣（高貴）。

強勢星＝紫微、天府、太陽、太陰、武曲、巨門、殺破狼。

天梁、太陰、天機、巨門以上加四煞宜做小或做從僕否則傷配偶孩子。

太陰加三合方天梁（壽星）、天壽、解神、天福父親先去逝。

太陰、天梁好淫。太陰、貪狼晚睡喜夜生活，唱歌音樂繪畫。

太陽、太陰、天相、天機、天同、天梁、文昌俊美清奇文曲更細膩。

壽星是紫微、天府、天機、天梁、太陰、天同、天相、武曲、貪狼、子午、武府要無煞。

太陰加伏兵（火）暗算被拖延受阻。

有天姚，太陰，天機同宮主權術陰謀。

官府加財星太陰化忌或武曲化忌有錢財糾紛。

太陰坐命長壽又丁生人太陰化祿更好，並推斷母吉凶，

幼年行剋母親。

不分男女太陰坐命，溫和內向穩重，聰明能思考，以夜生人最能發輝才能，早年母勞碌，中年女性自己多辛苦。財帛主太陰，天府，武曲。

太陰財星坐命富多於貴，太陰加祿存或左右會有錢。

太陰加祿顯優點加祿權科三奇嘉會剛柔並濟有成。

太陰喜化祿主星化祿或財星（太陰武曲天府），不喜化祿會不擇手段求財。

財星化祿，己年武曲、丁年太陰、天府加祿中晚年有成。

太陰怕化忌、空曜、煞星沖破損失或白忙一場。

事業宮太陰、天梁為飄零之客組合不佳，加煞宜業務或送貨員，在命宮身宮遷移宮更明顯。因太陰主飄蕩所以不喜天馬，加左右增穩重才可見天馬太陰加馬為財馬。

紫微、天府、天梁、武曲、太陰升官發財在命宮夫妻宮好。

太陰遷移或坐命企劃周密會隱瞞事情。

太陰無煞快樂多學多能，個性溫和長的清秀，加火星個性不良。

太陰加煞在身宮或遷移宮，隨母親改嫁即隨娘繼祭拜。

太陰與巨門分守身命宮格局差。

最嫌巨門加陰暗面多事端，也不喜天梁孤寡。

加巨門羊陀廉真七殺傷殘，做僧人反禎祥。

太陰坐命福德宮必是巨門（六親緣薄）。戊年天機化忌（煩心）、丁年巨門化忌會不快樂，患得患失是非爭執多，改變了太陰快樂本質。

太陰坐命福德宮必巨門不快樂，要見吉，丁生人巨門化忌，勞心要費盡心思才成功。巨門化忌與太陰疑心病重會放不開。

貪狼、太陰煞星同宮，會機梁貪財無厭。

機梁、貪狼、太陰交會，日夜經商即貪狼坐命行運，遇太陰、天刑加煞或走到機梁加煞辛苦之命，不眠不休忙碌比較窮困。

三方或同宮或對宮的太陽代表父、父亡代表男性自己、老公、子。

1 日～ 15 日生人為上弦月，月漸圓愈來愈好吉，15 日滿月夜生人不吉 13 日 14 日，日生人月將近圓最吉。

16 日～ 30 為下弦夜生人月漸缺，以後生的人慢慢走下坡，秋天加分，夏冬扣分，不利白天生人但老年好。

女命太陰端莊秀麗多情賢慧，最宜家庭主婦柔中帶剛。

男命太陰舉止女態，溫柔文謅謅，性急衝動，與異性多接觸機會懂女人心理，眼神俊秀異性緣濃，重感情易上當，氣氛浪漫破心房。

男性組合不好會女性化娘娘腔有脂粉味。

太陰喜百官、祿存、左輔右弼、三台八座。加吉權變。

太陰喜左右尤其是右弼同屬水，宜公務員主管、財經

出納會計、貿易服務業及寫作。武曲、太陰加左右衣緋著紫。

太陰紫微天府太陽要祿（祿存化祿）、左輔右弼來輔助。

太陰能調合有心靈潔癖，最忌昌曲左右桃花星易做小或金屋藏嬌。

太陰加昌曲同宮蟾宮折桂（以女性或男性配偶或太陰坐命為貴人）。

太陰加昌曲有專技，眼神浮蕩好文學，再加龍池鳳閣天才琴棋書畫但多思慮心機重，飄泊異鄉。太陰、文曲、右弼、咸池、大耗、鳳閣感情豐富。

太陰加文昌或文曲化忌，容易失竊受騙，尤其乙年太陰化忌。

太陰加文曲為九流術士（非江湖不佳術士而是像兄弟中排行第九）

並非不入流，加化科或魁鉞夾調錢容易。

太陰辛生人文曲化科對術數有興趣。

命例辛亥坐命天機、太陰加文曲化科為術數成名。

太陰加桃花星紅鸞、天喜、咸池，喝花酒文章博學多聞。

太陰（財星）加羊陀（人離財散）孤單多剋親太陽亦是、周轉不靈會倒閉。

行運加本命盤最忌羊陀同宮挫折多失敗。

太陰寅申巳弱陷加陀羅易吸毒。

太陰羊陀鈴或四星同會命身宮為樑上君子（小偷）貪利卑賤小人，（己生人加文曲化忌貪心尤甚）。加火星擎羊個性會急甚至爆發。

武曲化忌、太陰加火星、天府加空曜、祿存同宮羊陀夾、四煞忌沖身體有害。加煞變成權術陰謀官非刑剋。

太陰加鈴星隨機應變靈活，比加火星好，可能中彩券有此一說。

太陰加火鈴十惡不赦，個性出問題主觀自私，不擇手段，急燥奸詐凶殘陰毒，得罪他（她）人小人就多，要防小人。

太陰加地劫羊陀挫折飄蕩，加劫空有奇想點子多，但影響婚姻。

日或月在疾厄或命宮加空曜瘦弱眼疾。

逢月看日會受太陽影響，太陽不好反射給太陰，要吉補戌宮太陰、辰宮太陽、酉宮太陰、巳宮的太陽、亥宮太陰、卯宮太陽梁或守身命亦有成要無煞。

太陽喜左輔，太陰喜右弼反之助力弱。日月昌曲出世榮華。

日月加桃花星，妖豔迷網，眼神流離不穩重，加紅喜咸池會喝斯文花酒。

申酉戌亥子丑宮太陰廟旺，皮膚偏白細膩主飄泊。

太陰亥子丑廟旺最佳，申酉戌次之、寅卯辰失輝、巳

午未弱陷。

太陰 1 廟旺加祿動性高。太陰廟旺命身宮主一生快樂晚發。

太陰廟旺坐命女命為夫人命要無煞，端莊凝重聰明重感情相夫教子。

太陰廟旺天馬同宮無煞動中生財。

大限流年遇申酉戌亥子丑宮，太陰廟旺買房子升遷嫁娶。

寅卯辰巳午未宮太陰弱陷，加太陽女淫貧，日生人稍好，視力差。男性太陰弱陷加上夜生人傷母刑妻。女性傷夫剋子女。

太陰落陷會猶豫不決，自私畏首畏尾膽小怕事，無主見欠果斷勞碌，又是日生人浮蕩不安。日生人或弱陷剋母傷妻。

太陰弱陷天馬同宮做事拖延猶豫不決。

弱陷加桃花不安於室，愛刺激煞多孤剋。太陰落陷加天梁淫貧。

弱陷守命加祿權科反凶要出外吉。日月弱陷逢惡煞勞碌奔忙。

弱陷加四煞下賤夭折，酒色邪淫，肢體傷殘是非多。

弱陷在身宮遷移宮或弱陷加輔佐、單星、桃花星刑忌兩者都是隨娘繼拜或養女。太陰弱陷獨坐反大貴，動性強流不住財為過路財神。

天相、廉真化忌、天同、巨門、武曲、弱陷太陰太陽忌諱天哭六親有紛爭。

機月同梁格個性沉穩敬業、善企劃分析、協調能力、按步就班乖乖牌。需絞盡腦汁技術工作。主靜準備醞釀計劃到動開始創新變化。

機月同梁格作吏人為挑剔之人、與奏書同宮見煞星反主好爭訟。

機月同梁格一生立業聰明，與申宮陽巨一般，興趣廣不專精，多學少成，宜為機要秘書當助手，宗教、保險、內勤、教學教書、寫作、補習班、公家文書事務、大眾傳播文化出版、雜誌社，仲介管理、旅遊娛樂、商業電腦、財務市場發展流動業，忙碌辛苦福壽但不可獨當一面衝力不夠加煞破格。

機月同梁格命例圖書館上班。

機月同梁格丁生人天同化權兄友線會翻臉。

丁年太陰化祿，宅心仁厚主財穩固定，多元兼職善理財，有積蓄使財源廣進流通又好波折，小一點辛苦，賺錢不見得數目大，能享受溫柔浪漫比較快樂，有機緣受女性幫助老闆命，有財權偏財運佳宜財務計劃，利不動產服務業代理。太陰化祿弱陷，卯辰巳午未宮為女性破財。

丁生人太陰化祿坐命，此時福德宮必巨門化忌，要費盡心思才能成功。

太陰化祿加祿存得財比較多要廟旺無煞。

加昌曲桃花星只顧追求享受，錢財母親給與或女性長輩幫助發財。

太陰化祿加煞為財所困賺錢較累。加劫空虛花不實。

大限流年太陰廟旺或遇丁年太陰化祿纏綿愛情、甲太陽化忌則不會。

甲年廉真化祿、丁年太陰化祿、戊年貪狼化祿、己年武曲化祿，財來的容易且不間斷如月退俸。

戊年太陰化權，增智慧工作能力社會地位，權力慾望會耍手段，掌控別人，宜財務計劃管理有財權，會運用錢財可創業但勞碌。

太陰化權不代表擁有財富，無煞可能替他人理財事業也多變。

廟旺女性為賢內助，弱陷太陰不利婚姻或聚少離多，化權增女權無煞減輕其不吉。太陰化權不喜在六親宮位。

羊鈴、火陀同宮受女性拖累誤會影響感情，不宜與女性合夥保持距離。

巨門、天機、天同、天梁、太陰化權善策劃，激奮鬥開創力受人排擠杯葛。

庚年及癸年太陰化科智慧知足樂觀，名望帶財收入較高屬私人範圍利益，文藝學術研究、房屋仲介、銀行商譽受信賴、貿易投資廟旺知名度高。

庚癸年太陰化科能展現才華，女性貴人對女性更為有利，不受四墓地的影響反而更加良好。

太陰弱陷庚年化科，弱陷星不喜化科，眼睛無光燈火辛勤，勞心又勞力。

魁鉞夾（貴人夾科星）有貴人助佳，加煞虛名刀傷血光，加地劫浪裡行舟吉中帶凶。

乙年太陰化忌財星化忌，會不擇手段取財，破財消災居家心煩，不利女性（女性女上司爭執不合感情淡薄、母親女性受傷受拖累）對錢財不利，暗中破財事多阻滯，煩躁苦悶，加煞尤甚重，精神疾病肺氣管，有眼疾腎病，也代表月底年底後半段不佳宜自由業。男命太陰化忌欠女人債受女人拖累。庚年或庚生人太陽化祿能解太陰化忌。

命例太陰財星化忌母親愛買發花錢。命例太陰化忌自幼喪父加火鈴尤確。

命例太陰化忌或反背（太陽酉宮弱陷太陰辰宮弱陷）鈴星陀羅沖破形成智障。

乙年太陰化忌、甲年太陽化忌加煞或破軍一生是非多感情困擾無成就。

官府加財星，乙年太陰化忌或壬年武曲化忌會引起錢財糾紛。

命例天梁加陀羅陰狼，加上流年乙亥年，太陰化忌與母親要錢母親受拖累。

太陰弱陷大限流年遇之，乙年太陰化忌精神空虛，內心痛苦，麻煩紛擾受女人氣，單戀或失戀分居離婚。

乙年太陰化忌、丙年廉貞化忌、七殺加火鈴、破軍加

羊陀刑剋重，行運遇之對婚姻不利。

大限丙年廉貞化忌、丁年巨門化忌、甲年太陽化忌、乙年太陰化忌官非車禍外來傷開刀。

11. 廉貞（木火）：寅申 1（廟）辰戌丑未子午卯酉 2（平）巳亥 3（陷）

命宮：廉貞陰火。為囚星官非，為官祿宮（事業宮）主，為次財星表現最傑出，宜鬧中取財，代表嘴唇，眉寬唇厚口闊又愛說話。喜養寵物。

破軍、廉貞代表血液，前半生有志難伸艱辛晚發，個性與七殺類似。

做事勤勞節儉守財能吃苦，無煞名聲遠播，主觀固執不信邪，好勝性暴急燥易起紛爭，敏感豪放粗獷高傲，對人要求高善嫉放不開，為人現實自私自利，會夾怨報復好紛爭，有幽默感輕挑，鋒芒太露招嫉壓力大，多變時而陰柔，偷偷摸摸時而陽剛有領導力。

為第二桃花星或為次桃花星人緣好，情慾深桃花濃，因事業而來容易產生辦公室戀情，不泛濫有艷遇，重精神主情緒精神上不滿足，沒有興趣的不往來，對有興趣的愛說話，重感情愛吃醋欠理智。為君寬衣終不悔沒了禮節。廉貞貪狼為不老星，因為桃花重的關係。

廉貞坐命事業宮必武曲（刀金屬）利於理工，影響夫妻宮不利感情。

廉貞加武曲強化追求物慾自私自利。武曲或廉真性急弱陷刑剋早熟。

壬年三方武曲化忌不利事業收入減少或退休。

廉貞坐命財帛宮必紫微吉化或加祿存私心重廉真變成自私自利。

巨門永遠在鄰宮，丁年巨門化忌內外都是非多。

巨門縱然吉化如癸年巨門化權也有瑕疵。

廉貞（辰戌廉府同宮除外）、紫微（寅申紫府同宮除外）、七殺以上對宮必為天府。廉貞喜受紫微天府壓制。

命宮事業宮的天相（卯酉宮弱陷除外）、紫微、廉貞對事業企圖心大，加吉無煞可從政。紫微與廟旺廉真有老闆架式。

廟旺的天相陰柔能調合，廉真變重信重友誼有同情心，天相卯酉弱陷則不行。紫微、廉貞、太陽、天相廟旺，廟旺與政治有關要加吉無煞好。

武星：殺破狼、武曲、廉貞、天刑、擎羊可軍職。

廉貞與將軍同宮更利武職，廟旺、廉貞、火星、天刑能制破軍之惡。

最忌破軍在三方，七殺在遷移客死他鄉，再加煞重有不測災，因病動手術而亡。廉貞與殺破狼其中之一必三方見或同宮，加煞客死他鄉為一個不定時炸彈。

廉貞不喜武曲、破軍（煞重意外）、子午的廉相。

廉貞加吉地位崇高於政界。巨門、天梁、廉貞加祿一

世榮。

廉貞加祿或祿存或財蔭夾印，富貴波折少，一生平穩。廉貞吉化經歷挫折後富貴，雙祿好太旺會專權，與甲年廉貞化祿一樣多情感情紛亂。

廉貞身命宮主風流有感情，比貪狼理智些感性浪費喜派頭，宜公職政治耍手段，建築藝術、美容美髮業。

廉貞、天同、巨門不喜昌曲左右。廉貞加昌曲左右魁鉞畫蛇添足。

廉貞、丑未廉殺，天相、殺破狼、天同、巨門忌見昌曲感情不順。

太陰、破軍、貪狼、廉真加昌曲不利婚姻。

廉貞武曲加昌曲允文允武、廉貞加文昌好禮樂，增才藝藝術格局不高。

廉貞加文曲便給能吏（辯才）、不能完全發揮才藝（廉貞公家上班）。

廉貞己生人或加文曲化忌、貪心從商、從政必貪。

廉貞投機加昌曲愛面子虛偽，廉貞化忌訴訟、尤其是有天刑陰煞有官非。

廉貞將軍同宮己生人有魁鉞、武曲化祿、貪狼化權富貴雙全。

廉貞加多桃花星桃花命，性開放容易情不自禁，加空曜力量不明顯不能解桃花。廉貞加昌曲要祿存或化祿習正桃花。

廉貞命宮疾厄宮生殖泌尿系統、心臟、過敏疾病，加煞多外，神經痛、視力不佳。

福德宮命宮加昌曲，福德宮又破局，勞心勞碌有情傷桃花星多做雞鴨。

廉貞加昌曲喪命天年橫發橫破加劫空暴燥。

廉貞加昌曲為感情玩命，煞重喪命英年。

廉真加昌曲或加擎羊喪命天壽，煞星重疊殘疾短命。

廉貞加昌曲火鈴延誤事情因為猶豫。

廉貞、武曲、貪狼、破軍加吉可善加煞可惡。

廉貞、武曲、貪狼、破軍羊陀湊巧藝安身，以上星分守身命宮也是。

廉貞、武曲文武雙全不可加四煞，感情不順遂不長壽。

廉貞加擎羊官司，廉貞加羊陀主官司個性怪異。

廉貞擎羊同宮加左輔或右弼做盜賊或災禍。

羊陀夾或遇擎羊同宮白虎沖或重疊，一生有一次官災。

羊陀夾與祿存同宮，要看主星強可撐住不怕夾。

廉貞加火星坐命身宮，六親緣薄，主觀冒險好強不認輸，是非波折多容易失敗，想不開也容易感情用事，使事後後悔。

廉貞加火星祿忌為官奸臣心性不良。

廉貞加火星空曜同宮主投河自縊，做後悔事加四煞受干擾最怕化忌主感情困擾。廉貞加擎羊鈴星主刀兵因擎羊鈴星主刀兵。

火鈴同宮加廉殺羊、七殺鈴星同宮主陣亡失敗。

武曲、廉貞、巨門、破軍、天相加火鈴癌機率大。

武曲、貪狼、廉貞、天相、天才、鳳閣聰明好學多才多藝。

巨門、天梁、廉貞、貪狼與服毒相關。

天梁，貪狼，巨門（巨門化祿也無法解）、廉貞、陀羅與不良嗜好有關。

廉貞加天月無吉加煞染病他鄉。

廉貞加白虎因事上警察局或煞多官非牢獄之災，廉貞巳亥弱陷尤甚。

廉貞囚星遇白虎刑杖難逃必主官非，特別是流年白虎沖本命白虎，或本命白虎流年白虎沖廉真可能出庭，遺失東西或車禍上警察局。

甲年廉貞化祿個性穩重內斂，愛表現燥進但後勁不足，雖事情順遂些利於政客和公職要無煞，廉貞化祿加重精神享受異性緣濃有艷遇，有意外財偏財運，會投機司法黃牛詐騙聚賭取財物和感情雙收穫。

廉貞化祿職位不高可當領導加祿存小康。加吉主管格。化祿化權加吉增氣勢成就。三方如加廉貞化祿有意外收穫。

身宮甲生人廉貞化祿桃花多異性助。

廉貞化祿吉煞交集富裕但有難言之隱，廉貞化祿加煞無實權支票多現金少、財氣受損。如果甲生人行運甲年或羊陀來會即羊陀重疊看有無祿馬救，如主星弱則搶救有限。

廉貞化祿加桃花星浪蕩容易色禍或偏門進財。

廉貞加雙祿好太旺會專權，與甲年廉貞化祿一樣，多情感情困擾紛亂。

甲年廉貞化祿缺雄心，保守宜領薪，甲年破軍也化權開創賺錢但辛苦。

甲生人廉貞化祿行運甲年化祿主感情熱戀婚姻喜慶。

甲年廉貞化祿、壬年時武曲化忌、祿忌或忌祿相沖主耗財，因感情或因爭財傷感情。

甲生人廉貞化祿、癸生人破軍化祿、祿存在福德宮或坐命為鐵飯碗在公家厚祿。甲年廉貞化祿喜歡裝潢，室內設計、浪漫氣氛咖啡廳。

甲年廉真化祿命宮事業宮宜電器外銷中等職位，加煞無實質職位。

甲年廉真化祿、丁年太陰化祿、戊年貪狼化祿、己年武曲化祿財來的容易且不間斷。

身宮甲生人廉貞化祿桃花多有異性助，廉貞化祿吉煞交集富裕但有難言之隱。廉貞化祿加桃花星，浪蕩容易色禍或偏門進財。

紫微、太陽、武曲、廉貞、殺破狼自化權或遇化權有能力但霸道。

廉貞、化科陷地、化祿陷地特忌化忌。

廉真化忌或廉貪巳亥弱陷，白虎官非輕者傷殘再加煞多橫死。

丙生人廉貞化忌，叛逆愛出風頭，事事多變化，六親不合，事業不順，橫發橫破，常有懷才不遇的感覺，常壓抑容易有神經衰弱失眠的情形。

丙年廉貞化忌怕有官非感情債，為情所困易有桃花糾紛，物質收入著重精神享受與感情有關，戀愛挫折感情不順心情鬱悶。

丙年廉貞化忌交通意外手術開刀主濃血，死結血光血病或為家人破財（親人婚喪喜慶生子）生產可避，年輕者容易長青春痘，加吉多高人指點守成不見得會輸，魁鉞夾會化解是非。

廉真化忌加昌曲生子婚嫁加文曲化忌傷心落淚，加吉煞進財也破財，繳回扣或交際應酬而損財，加煞多為人短視功敗垂成情緒失控而生病。

命例流年命宮卯，本命有廉真化忌濃血之災又加天馬及三方亥宮流陀為折足馬手腳不方便，雙陀羅更明顯。

命身宮丙年廉貞化忌加劫空家庭破碎，廉貞化忌在事業宮大敗，廉貞化忌財帛宮也破敗。

大限丙年廉貞化忌、丁年巨門化忌、甲年太陽化忌、乙年太陰化忌官非車禍外來傷開刀。

丙年廉貞化忌或丁年巨門化忌擎羊同宮傷殘官災（加天刑尤甚）。

乙年太陰化忌、丙年廉貞化忌、七殺加火鈴、破軍加羊陀刑剋重，行運遇之對婚姻也不利。

坐命疾厄宮廉貞丙年廉貞化忌、巨門化忌有不明疾病，廉貞化忌加羊陀會想不開加天刑有白血病。

命宮遷移宮廉貞化忌，或武曲化忌加羊陀會產生交通意外。

廉貞化忌加羊陀重疊（大限、流年、本命盤有兩個羊陀）身體會受影響。

廉貞化忌加羊陀白虎有刑獄打官司。

丙年廉貞化忌加火鈴癌居多、頑癬、凍瘡，加桃花星婦女病男腎虧陽萎過度消耗可以治因，是後天形成。

天相、廉貞化忌、天同、巨門、武曲、弱陷太陰太陽忌諱天哭六親有紛爭。失眠星有太陽加火星、陰陽、丙年廉貞化忌、辛年文昌化忌。

手術星有廉貞化忌、擎羊、天刑、紅鸞、大耗、天姚、咸池、劫空、陀羅。

壬年武曲化忌、丁年巨門化忌、戊年天機化忌、丙年廉貞化忌最怕化忌會失財小心票據官非。

丙年廉貞（尤甚）、丁年巨門、戊年天機、壬年武曲最忌化忌破財。

武曲化忌或廉貞化忌加官府會見血光。

癸年貪狼化忌、丙年廉貞化忌、壬年武曲化忌加煞重災厄容易死亡。

12. 貪狼（木水）：辰戌丑未子午 1（廟）卯酉寅申 2（平）巳亥 3（陷）

命宮：貪狼屬陽木，根屬陽水。

性剛毅脾氣硬主觀聰明有才華能幹，膽子大自以為是分析理解力佳，喜冒險開創好高騖遠，好奇心重，企圖心主動強勢，行動力強，好勝挑戰喜爭辯，好投機，點子心機重，內狠計較，做事多變不專心，不誠實，不實際，不吃虧，玩世不恭，狂妄自大，佔有慾強，有領導力，記憶差學而不精，事事會在不知不覺中改變。廉貞、貪狼為不老星因為桃花重的關係。

貪狼、廉真、破軍性惡劣。貪狼加天馬物慾更重，性急講求效率，耍小手段現實，又圓融八面玲瓏能言善道，能與仇人相處，交際應酬能擺平三教九流，仇恨久而久便化解，稱解惡之神。可福可禍為福禍之星也，是解惡之星。貪狼善少惡多忽善忽惡。好惡不定隨心所欲又愛唱歌，貪狼不發少年人，即少年坎坷容易晚才發。

貪狼組合不好煞星多則為人會欺善怕惡。

廉真、武曲、貪狼、破軍加吉可善加煞可惡。

貪狼為事業宮或財帛宮主是財星，理財量入為出（巳亥弱陷除外）。

貪狼主物慾，物慾重貪小利，愛買不見得用，凡事看值不值得功利主義

機梁貪狼太陰交會，日夜經商即貪狼坐命行運遇太陰

天刑加煞或走到機梁加煞辛苦之命不眠不休，忙碌比較貪財又窮困。

貪狼為第一桃花星，男女亂放電多淫慾，感情是非多，喜文藝詩酒，貪杯煙酒，為酒色財氣全有時人隨和幽默，多疑善嫉，愛吃醋也沉迷於嗜好。

對異性體貼大方用情不專，對於同性則精打細算計較，性生活泛濫，感情起浮大應適當節制慾望。

貪狼坐命好色嫉妒多淫，自衛過度肝腎不好。

貪狼坐命現實搬弄是非心狠而淫，度量小加空亡戊生人化祿能化解。

空亡同宮或化忌減少，酒色財氣才藝難發輝，加空亡橫發橫破減桃花。

加空亡天刑（增威嚴）及癸年化忌反主清白端正能習正也減桃花。

貪狼、武曲、破軍無吉迷戀花酒以忘身。

紫微、貪狼、太陽、廟旺天梁強勢愛面子。

貪狼、天府、天廚、龍池、鳳閣注重飲食。

天同、天梁、紫微、貪狼、破軍易養成嗜好。

天梁、貪狼、巨門（巨門化祿也無法解）、廉貞、陀羅不良嗜好有關。

巨門、天梁、廉真、貪狼與服毒有關。貪狼、天梁坐命喜打坐靜坐。

太陰、貪狼晚睡喜夜生活。貪狼喜動不喜靜不愛做家

事，喜文藝酒食為人風流，喜學神仙之術五術，容易有宗教信仰。

貪狼隊哲學命理有興趣（身宮與命宮同宮尤甚）。

貪狼投機、愛賭（天梁賭博星相同）、酒色財氣。

貪狼有不良嗜好煙酒嫖賭，為學術之星宜教書做實驗。

貪狼坐命情物慾重，愛錢有投資運，那裡來那裡去，宜讀財經股市。

貪狼坐命宜軍警政界，格局好公關交際人才。

貪狼（官祿宮主）廉貞、太陽、天相、紫微左右夾公職技術人員。

貪狼辰戌丑未子午廟旺加左右守信。

武曲、貪狼、廉真、天相、天才、鳳閣聰明好學多才多藝。

貪狼加吉則吉，長壽酒色財氣從商好，威壓邊夷剛猛容易突發意外。

寅申巳亥長生之地貪狼坐命、木三局人長生在亥，巳宮廉貪在巳酉丑坐命，出生年支申子辰煞少吉多長壽。

貪狼加三奇（祿權科）先苦後安寧。祿存不喜貪狼或武曲會肥己之私。

貪狼加祿存或空亡，情緒穩定化解做事心不在焉。

左右遇同梁、機巨、武曲、殺破狼能解孤剋。

廉真、丑未廉殺，天相、殺破狼、天同、巨門忌見昌曲感情不順。

貪狼文昌居命粉身碎骨，有文學修養宜研究工作，再加大耗破財感情容易破裂。文昌貪狼煞沖或七殺加鈴星會突發外來傷。

貪狼加文曲聰明口才佳顛倒正事、決策會錯誤，急事會緩辦，做事反覆不定，內外不一致，命不好，竊盜失足誤入岐途，做雞鴨，古代藝技（現代未必不佳），貪狼加文曲文昌，投機善掩飾多虛不務實風流。

貪狼加昌曲火羊容易橫死後留名，不宜做生意，要多聽別人意見。

貪狼加大耗或文曲化忌沖，因投機好賭，貪心愛佔便宜而破敗更遭。

貪狼不喜見昌曲（粉身粹骨）及空曜會不利人際關係。

貪狼加昌曲多虛少實，狡詐巧騙，把別人當傻瓜，不光明正大。

丙年文昌化科辛年文曲化科能解貪狼多虛少實。

貪狼、咸池、天姚喜風月場所，加文曜如昌曲則重精神非肉體。

貪狼不見左右火鈴少年享受破敗巧藝安身，再加煞忌自私自利奸貪桃花重。

加凶則凶。

貪狼加煞人聰明能早發，古代為藝伎色情行業，做小三小王、偏房續室，減輕刑剋，多情慾偷情鼠竊。加煞宜商做百貨。

貪狼加煞忌重奸詐耍心機，廉真化忌、武曲化忌災厄死亡命不長。

　　貪狼擎羊同坐命或加忌為風流彩杖格，易有桃色糾紛。

　　貪狼加羊或化忌靠技藝為生，命宮疾厄宮貪狼加陀羅得酒色病。

　　貪狼加羊陀（風流彩杖、泛水桃花）性風流破敗，色禍當小三小王，多情貪色一生奇遇坎坷不順，色禍再加桃花星紙醉金迷，戀愛多波折難招架，以刀為主行業（擎羊的關係）或不務正業，再逢地劫、地空、火鈴會減少才能多辛苦以技藝謀生。貪狼加羊陀劫空為破局。命例婚變被父母性侵。

　　大限流年遇貪狼加羊陀動手術。

　　貪狼、廉真、武曲、破軍羊陀湊巧藝安身，以上星分守身命宮也是。

　　貪狼加天刑醫學，再加文曜內科再加羊不是外科就是非重，或有牢獄之災。

　　貪狼不喜旺地廟旺貪狼終身鼠竊。

　　廟旺貪狼火星同宮加吉無煞名振諸邦。加火星火貴格宜軍警。

　　火貪同宮或鈴貪同宮富貴必艱辛、橫發橫破，會突發意外財。命例以房子抵押貸款放高利最後敗光。

　　火貪名震諸邦或鈴貪將相之才輔佐，財厚福高要同宮為上格，戊己生人合格。鈴貪剛猛格局有偏財運貪小利，

個性暴躁固執，能隨機應變，加煞容易破敗意外。鈴貪誇大不實，喜説自己有錢貪小利。

貪狼最喜煞星火鈴同宮減情慾增力量，突發橫財運氣好，無心插柳柳成蔭，應見好就收，可有突破性表現。

火鈴貪格廟旺辰戌丑未加火星或鈴星同宮，火鈴中和貪狼惡使能善，智勇兼備果決，外出運強有突發機遇，宜技術安身在艱辛中成大器，再加羊陀會色禍。能制火星是紫微、七殺、貪狼、廟旺擎羊。

貪狼加桃花滾浪桃花加強桃花，且福德宮有桃花更不檢點。

主星天機、破軍、貪狼加桃花星投機性事業非勞力得財，要見好就收免得破的更慘。貪狼、天機、破軍、都會有橫發應見好就收。

貪狼加煞重或三方廉真化忌或武曲化忌會災惡死亡。

貪狼加紅鸞命身宮相剋會心亂不閒。貪狼加紅鸞盈盆大血，色難再加桃花星一生不正。貪狼加天虛陰煞昌曲虛而不實善巧騙。

命身宮貪狼無事奔忙游移不定機變靈活。

貪狼坐命個性圓滑，佔有慾高，善交際，飲酒好賭，琴棋書畫多酒色，享受與天同的玩樂物慾享受不同偏酒色。命例女命貪狼做家事女紅心得多。

身命宮破軍與貪狼入命（必為雞鴨），好賭遊蕩性生活泛濫。

貪狼加化忌或加空亡個性端正。貪狼對配偶要求高。

貪狼坐命配偶年齡差距大好。貪狼加煞虛花不實。

貪狼坐命七殺身宮或七殺坐命貪狼身宮，貪狼坐命破軍身宮或破軍（好動有不良嗜好）命宮貪狼身宮個性浮蕩多變不順遂，加煞嗜色如命，貪淫好酒色豪賭。

貪狼坐命愛賭，柔中帶剛，善掩飾虛偽，要放下慾望，善投資大進大出。

貪狼坐命七殺身宮加煞偷情淫奔，行運丑未陰陽男女邪淫虛花不實。

貪狼、七殺守身命宮易有同性戀或偷竊出軌。

七殺破軍坐命貪狼身宮加四煞羊陀火鈴，及文曲容易有意外。

命宮疾厄宮貪狼、破軍、天機、天月、愛自慰分泌物多，貪狼弱陷有羊陀化忌天刑，有外傷、關節炎、神精痛、腎病。

大限流年貪狼在交際應酬中改變事業有創業機會，無煞去舊更新，進財或添人口。大限貪狼，流年七殺或破軍走聲色場所，走到大限巨門難免是非口舌。

天機坐命貪狼（菸酒不分家）守身宮，日夜奔忙或貪狼守身宮行運天機也如此。三方都會遇到七殺破軍。貪狼加七殺有刑剋。

貪狼命宮三方四正有劫空羊陀，行運至七殺羊陀疊夭亡。

貪狼加破軍迷花戀酒，乙年（機梁紫陰）加煞重會喪命可能。

貪狼子女宮有左右加破軍，加煞不成器。

三方的破軍成中有敗或先破後成，加文昌奔波勞祿，破軍文曲同宮都屬水，水多木（貪狼）就飄，會水災出禍。

戊年貪狼化祿、壬年天梁化祿會投機高風險，有偏財運。

戊年貪狼化祿喜命宮財帛宮、事業宮未必能通財。

戊年貪狼化祿重精神面，喜美化事務，或美的工作及甲年破軍化祿兩者賺錢比較輕鬆。貪狼財星化祿善理財，錢財驟發事業會驟興。

甲年貪狼三方破軍化權會投機開創賺錢但辛苦。

癸年貪狼三方破軍化祿有開創性但辛苦。

甲年廉貞化祿缺領導力，重精神享受，不同戊年貪狼化祿經濟能力好，愛酒食，情慾物慾重，易成迷於高層次享受，八面玲瓏善交際，應酬多施小惠可能應酬得財，投機競爭財（賭博屬競爭財）。貪狼化祿有利於競爭，有偏財運意外之財而增收入，適合做生意（有劫空則不宜）因桃花重，人緣好有豔遇熱戀，情愛持續性高花費大又專情。貪狼加煞增艱苦波折，或桃色糾紛容易破財。

戊年貪狼化祿多不離酒色財氣，加火鈴意外財易驟得增暴發，愛賭投機僥倖，無煞有競爭財，感情方面也不錯，有煞忌暴敗火鈴貪最忌劫空，曇花一現驟失會更快破敗。

貪狼加煞重或丙年廉真化忌或壬年武曲化忌災厄死亡。

貪狼加左輔右弼益友多，尤其左輔右弼夾力量更大。

貪狼化祿最怕陀羅，擎羊次之。

貪狼加劫空有時出奇制勝但終究得而復失。

貪狼加劫空、天虛、陰煞近小人受拖累，貪狼不化祿拖累小。

貪狼加天姚大耗咸池沐浴貪杯好色化祿尤甚。

貪狼加天刑肝病手腳災，命例小時後曾斷過腿。

甲年廉真化祿、丁年太陰化祿、戊年貪狼化祿、己年武曲化祿財來的容易且不間斷。

己年貪狼化權無煞投資風險高，能快速積財如期貨、股票。

己年貪狼化權貪狼多變化多競爭，化權增加競爭能力，主觀意識喜歡掌權，凡事多圓融反而有額外的收獲，穩定獨立變化少，佔優勢多才多藝能幹，更主動積極活躍，表達能力強愛現，喜接近異性，放蕩風流慾望多，廟旺慾望更多，桃花更旺，花費就更大，喜投機會創業喜當老闆。

貪狼化權加上己年武曲又化祿無煞更佳，無吉會浪費金錢。

貪狼化權加祿大方，內心計較（天機也愛計較），無祿表面風光而已，此時加己年文曲又化忌，愛貪小便宜且不擅言詞。加煞進退兩難導致破敗。

貪狼主禍福貪狼化權加吉增吉加凶增凶。

紫微、太陽、武曲、廉貞、殺破狼自化權或遇化權有能力但比較霸道。

巨門吉化或己年貪狼化權無煞辛苦有成，也會有瑕疵。

癸年貪狼化忌容易暗戀，橫刀奪愛傷肝容易眼傷。

癸生人貪狼化忌情緒不穩定，喜幻想使心神不寧愛貪小便宜殺破狼主變動，愛吃醋朝思暮想執著，糾纏不清易涉足聲色場所，酒色招禍不利婚姻，宜有宗教信仰，或注意力轉於命理方面。貪狼化忌在六親宮未不吉。

貪狼化忌命宮財帛事業宮則不宜投機。

戊生人貪狼化祿到了癸年貪狼化忌，走私賺投機財，好賭酒色惹禍，癸年破軍同時化祿，宜開創在應酬中爭奪，加火鈴橫發，加吉無心插柳柳成蔭，加凶暴起暴落。

癸年貪狼化忌或加空亡天刑，屬被動不積極或機遇不滿意，錯失良機或因異性遭禍，另一說法貪狼化忌或加劫空使大桃花星貪狼能習正為

自訟格會反省自重收斂，刺激進步反主自律，清白端正，主多才多藝，減桃化為學術組合。

殺破狼（竹蘿三限）必三方見，主變動大起大落不穩定，現代未必不佳或許為轉捩點，每五年會遇到。行運殺破狼、廉破武不順心。

殺破狼坐命，第四大限必見凶星需小心。

身命宮殺破狼終是夭、見天馬更靈驗。

加殺破狼易意外災禍，命宮遷移宮一樣。

殺破狼廉貞武曲相會剋親，即行運走到殺破狼、廉貞、武曲與六親衝突不合，如坐命走到巨門更是。

殺破狼、丑未武貪、卯酉武殺晚發。老年遇殺破狼注意身體健康。

殺破狼加祿馬開創或名利雙收，限運更新祿馬對宮來合橫發一時。

殺破狼見左右厚道些但不敢衝。

左右遇同梁、機巨、武曲、殺破狼解孤剋。

太陰、廉真尤其丑未廉殺、天相、殺破狼、天同、巨門忌見昌曲感情不順不利婚姻。剛星＝武曲、廉真、殺破狼。

剛星在夫妻宮刑剋分離，尤其殺破狼（防不善終）

強勢星＝紫微、天府、太陽、太陰、武曲、巨門、殺破狼。

武星＝殺破狼、武曲、廉真、天刑、擎羊可軍職。

殺破狼時常更改初衷，三方見加火星陷地（申子辰）自縊投河自敗。

殺破狼格局加煞會無法補救。會照殺破狼刑傷加四煞、空星個性倔強或破相。四煞、天刑、化忌勞獄災，再加殺破狼命堪慮。

天同、太陰、殺破狼想多做少。天刑、化忌、陀羅、

殺破狼以上容易有車關。

夫妻宮廉真、殺破狼、文曲，做小同居為宜。

夫妻宮殺破狼（主變動主是非）不專情、三台八座、龍池鳳閣，或見單星（如左輔、右弼其一）都有重疊作用易有第三者。

子女宮會照殺破狼刑傷加四煞空亡認乾小孩個性倔強或破相。

殺破狼喜改變事業無毅力，容易失足下流。

破軍事業宮新事業因舊業而來或與舊業相同事業。七殺事業突然改變不同於舊業。貪狼事業慢慢改變於無形中改變。

殺破狼主變動，波動破軍大於貪狼大於七殺。

事業宮殺破狼加吉宜警察。

父母宮廉真化忌，武曲化忌，或加殺破狼白虎擎羊父母有危症或死亡或上司遭解僱不合。

13. 七殺（屬金火）：巳亥 2（平）其他宮 1（廟）

命宮：七殺理智帶威殺，不怒則威外表果決內心猶豫，外剛內柔短視好勝主傷痛，主觀意識強烈，性剛倔強叛逆獨立自主無人助，獨來獨往適應力強與人不合事必躬親，勞碌孤剋寡合，缺圓融六親緣薄，喜怒無常過掉了就好，有領導企劃開創能力，不實際會空虛寂寞消極無目標，愛冒險歷經艱辛力爭上游能衝破難關，注重生活享受聰明不

拘小節不守成。

　　宜企劃開創，愛冒險執行力強，性格急躁聰明不拘小節，反傳統也不理會別人的看法，不按牌理出牌，宜外地發展白手起家，不可投機要腳踏實地，眼睛大因為衝動，跌跌撞撞小傷不斷有權威，善策劃能獨當一面用實力硬拼，不善攀附權貴，不喜歡團隊合作，宜生產製造業、公職文教類，不宜經商創業，感情方面一旦愛上會非常專情，守身命宮容易同性戀，專情愛恨分明，不善表達情愫，愛恨分明心靈空虛。

　　流年遇到七殺廟旺巳亥宮除外去舊換新沒有吉星則凶，七殺與天府永遠相對將會互相牽制。七殺喜歡見紫微、天府、左輔、右弼、天魁、天鉞。七殺一生有一兩次經濟困難週轉不靈。七殺沒有輔佐功成名就內心也空虛。

　　七殺是血光肅殺之星，個性衝動易犯血光要深思熟慮而後行。幼年多災目大性急易怒衝動欠考慮，少年時變化少逆來順受。七殺、天機個性急。

　　七殺主雜多想到那做到那宜生產製造業，不宜經商創業，宜公職居要職文教。

　　七殺權威獨當一面才能開創不喜攀附權貴。

　　七殺坐命婚不美，專情愛恨分明，不善表達情愫心靈空虛，感情孤芳自賞宜晚婚。七殺加吉星有意外的機緣快速發展。

　　坐命喜獨坐主變動橫發，波動小艱辛短期內東山再起，

不見吉個性太直，不思考會短壽所以不宜獨坐。天梁七殺天刑是自律星。

丙生人艱辛後發晚成，七殺、天相喜丙生人財蔭夾好。

丙戊壬生人有事業表現。七殺坐命己年生文曲化忌虛偽奸詐之人。

戊年三方貪狼化祿佳。癸年三方破軍化祿有開創力。

己生人三方的事業宮貪狼化權宜武職、軍警、商業、生產製造業先勞後逸。

武曲、貪狼、七殺可經商但不可有空曜。

會七殺、破軍容易意外有出血災禍。七殺破軍喜運動。

七殺比破軍細膩多。七殺、破軍身宮、父母宮容易破相。

七殺（文化）、破軍、天相生產業、建築業。

七殺坐命祿存同宮形成羊陀夾，三方四正煞星多逢破軍小心去見上帝。事業宮化忌、祿存同宮、羊陀夾加地劫地空夾，沒有了學習能力。

破軍有紫微、化祿、祿存幫助波動大於七殺，其衝鋒冒險不相上下。

大限流年七殺廟旺加吉去舊換新無吉則凶。加三奇先苦後安寧。

七殺刑剋要紫微、祿存救。紫微治七殺狂妄成為大將最好有祿。

七殺加吉領導管理能力佳，迅速轉機有富貴。

空門（未必和尚尼姑）星為加空曜或會天機、天梁、七殺、破軍等孤剋星坐命再加煞重。孤星＝天梁、天機、擎羊、天刑、七殺、破軍。

孤剋星＝七殺、破軍、紫微孤君、天梁、武曲比較不浪漫加點祿或桃花星（天姚除外）解孤剋。

廉真（辰戌廉府同宮外）、紫微（寅申紫府同宮外）、七殺等對宮即遷移必天府外強，內重感情喜羅漫蒂克，七殺衝擊力大與天府永遠相對互制。七殺旺地巳亥除外加煞要腳踏實地開實業工場（劫空一樣）不宜投機。

七殺命宮疾厄宮不宜投機容易肺部咽喉大腸痔瘡等疾病。

命宮遷移宮如有紅鸞、陰煞七殺個性會變得文縐縐。

命宮外圓內方衝動想不開，加天姚加煞多會殉情。

坐命廟旺艱辛與天同加少許煞星一樣全力拼搏，才會有成就。

七殺臨身宮或身命宮加煞多命坎坷總是夭，命不長也不喜團隊合作及文藝。七殺守身貧賤。命身宮逢之增加吉艱辛，所以愈早遇到愈好。

七殺守身命宮容易同性戀虛花不實與人交厚者薄，薄者厚會欺善怕惡命宮福德宮有紫微左右祿存則不會。

命身宮行運七殺重逢主凶災要知進退小心才是。

貪狼、破軍分守身命宮一樣加天馬更靈驗。

貪狼坐命七殺身宮或七殺坐命貪狼身宮，貪狼坐命破

軍身宮或破軍（好動易有不良嗜好）命宮貪狼身宮，加煞嗜色如命貪淫好酒色豪賭。

貪狼坐命七殺身宮，行運丑未陰陽男女邪淫虛花不實，加煞偷情淫奔。貪狼七殺守身命宮容易同性戀加煞虛花不實。

廉貪、七殺、陰陽情緒忽晴忽雨不穩定、貪狼七殺身命易偷竊出軌。

行運廉貪、七殺、陰陽心情也會不佳。

七殺破軍坐命貪狼身宮加四煞（羊陀火鈴）及文曲容易有意外。

制火星之星是紫微、七殺、貪狼、廟旺的擎羊。

紅鸞中老年加擎羊、破軍、七殺有血光之災。

能制化解厄之星是祿存以柔剋剛不耗力。天同本身福星煞星無力。紫微君王有威嚴。天梁長著之星能庇蔭別人。七殺用實力硬拚。

七殺喜見紫微、祿、左右、魁鉞。化祿喜遇七殺、火星、巨門增穩定中晚年有成。

加化祿、祿存解七殺性剛化凶險，再加昌曲反流離失所外表果決內心進退失據凡是考慮再三，善策劃商界領袖大將。七殺加煞多不成材。

七殺不管有沒有祿存化祿，一生必有一到兩次經濟困難，傾家破產周轉不靈。七殺有輔佐事業成功後空虛，或無吉也空虛。七殺遇到左輔右弼會猶豫不太會衝動，行事

能信賴負責有信用。

有左右、魁鉞、七殺受激發求財。加左右同宮猶豫不決，比較不會太衝動能信賴負責有信用。左輔右弼加七殺再加煞不成器。

七殺遇到文昌文曲會，再三考慮流離失所外表果敢內心進退失據。

七殺加文曲變奸詐之人。七殺會紅鸞陰險個性文謅謅的。

己年文曲化忌破耗不可貪小便宜。七殺加昌曲倔強大膽。

七殺辛年文昌化忌注意契約簽約等情事。行運七殺重逢，有災病傷。

加辛年文昌化忌血光己年文曲化忌破耗。

七殺加吉大將，再加左右、昌曲、紫微，喜歡掌生殺大權有富貴。

七殺、巨門、天機、左或右獨守無主星加四煞虛而不實心性不良。

七殺坐命有謀略不喜文曜如昌曲、龍池、鳳閣。

七殺三方四正有陀羅容易腳傷。

七殺最怕擎羊、陀羅，怕加上煞星多會殘疾一生比較孤獨。

七殺鈴星會有突發外來傷。

七殺火星鈴星官司是非多，也容易得癌症六親成冰碳

不力婚姻。

七殺擎羊陀羅、火星、鈴星，腰駝背曲車禍或外勤工作出外有災傷。

七殺煞重加化忌宜發展個人事業，加空曜個性消極且孤寂，加上地劫地空大敗。七殺艱辛勞碌成敗起浮大尤其在本命宮加擎羊。

七殺加流年擎羊、官符會降職或資遣，古代離鄉遭配現在觸刑法。

七殺擎羊、官符同宮，加白虎容易會有官司。

七殺守命或三方照會，加大限擎羊，流年擎羊，年支午生人坐命在卯酉宮容易凶亡其他宮也是，三方加擎羊照命，算七殺重逢會有災傷。

七殺加擎羊空曜大耗家妻會破損。

七殺最怕羊陀。加羊陀四肢容易凶傷，孤獨壽命不長除非有強主星救。

身命加羊陀災傷，羊陀夾（祿存同宮）命、身，無吉而煞多主凶亡。

命例七殺坐命，智障、早產兒、雙胞胎都是女生，事業宮武曲化忌、地劫地空夾祿存同宮（祿忌相沖）羊陀夾，無學習能力。

武破、七殺羊陀口舌多小人破財，加吉時成時敗。

顏回夭折文昌在天傷或在絕地七殺加羊陀。

七殺加羊陀化忌、空亡，名美財虛戰死沙場，如警界

殉職或交通意外（古代路上埋屍）外來傷。七殺最怕擎羊鈴星且破軍在絕地。

命宮三方四正有劫空、羊陀，行運至七殺羊陀疊並容易夭亡。

七殺重逢主本命盤三方四正有羊陀照命，加流年羊陀照命即重疊主凶死，加化祿化解破財消災。大限流年七殺重逢羊陀照命或重疊主凶亡。

文昌貪狼煞沖或七殺加鈴星會突發外來傷。七殺加火星鈴星官司是非多。火星坐命加七殺、化權、化祿，為權殺化祿格，掌權財多。

七殺加羊鈴與流年白虎同宮有刑災，同時不宜見昌曲一生流離失所。

火星七殺意外破財。七殺加火星陀羅自尋煩腦。

化祿喜七殺加火星、化權為權殺化祿格性剛，化祿也喜子午宮巨門坐命，石中引玉格，臨危不亂威風凜凜，中晚年發。

紫微、太陽、武曲、廉貞、殺破狼、自化權（例己生人貪狼坐命化權），或遇化權有能力但霸道。

天馬會七殺、火星、擎羊、死地、絕地主勞苦。

行運鈴星七殺同宮、火鈴同宮加廉殺羊突發外來傷，三方四正煞多也主亡。七殺加火鈴容易得癌。七殺加火鈴凶，加天刑（意外）路上埋屍。

七殺加火星衝刺。七殺鈴星同宮，三方四正煞多主身

亡。

行運火鈴同宮加廉殺羊，三方四正煞多也主變仙。

七殺加煞叛逆刑剋容易受傷害顛簸。七殺坐命煞多夭折最不利。

七殺加四煞（羊陀火鈴）腰陀背曲車禍或武職出外災傷。

七殺煞重加化忌宜發展自己事業。

七殺加煞化忌更孤剋，宜做小加桃花星色禍。

七殺加化忌災病做小，否則刑剋無子女。

七殺加空曜消極增孤寂古代所說僧道。

七殺加化忌、四煞、空曜、天虛、陰煞，主孤獨福不全容易看破紅塵。

七殺加劫空會大敗宜在早期大限好。

七殺加空曜、大耗，投機刑剋家破或親人病災。七殺落空亡無威力。

七殺遇流年白虎，刑剋官非血光。七殺羊、鈴、流年白虎同宮，刑戮災逆。

七殺加火鈴更重視權威，六親成冰炭流離失所古代陣亡（疾病）。

乙年太陰化忌、丙年廉貞化忌、七殺加火鈴、破軍加羊陀，刑剋重行運遇之對婚姻不利。

殺破狼（竹蘿三限）必三方見主變動大起大落不穩定，現代未必不佳或許為轉捩點，每五年會遇到。行運殺破狼、

廉破武不順心。

殺破狼坐命，第四大限必見凶星需小心。

身命宮殺破狼終是夭、見天馬更靈驗。

加殺破狼易意外災禍，命宮遷移宮一樣。

殺破狼廉貞武曲相會剋親，即行運走到殺破狼、廉貞、武曲與六親衝突不合，如坐命走到巨門更是。

殺破狼、丑未武貪、卯酉武殺晚發。老年遇殺破狼注意身體健康。

殺破狼加祿馬開創或名利雙收，限運更新祿馬對宮來合橫發一時。

殺破狼見左右厚道些但不敢衝。

左右遇同梁、機巨、武曲、殺破狼解孤剋。

太陰、廉真尤其丑未廉殺、天相、殺破狼、天同、巨門忌見昌曲感情不順不利婚姻。剛星＝武曲、廉真、殺破狼。

剛星在夫妻宮刑剋分離，尤其殺破狼（防不善終）

強勢星＝紫微、天府、太陽、太陰、武曲、巨門、殺破狼。

武星＝殺破狼、武曲、廉真、天刑、擎羊可軍職。

殺破狼時常更改初衷，三方見加火星陷地（申子辰）自縊投河自敗。

殺破狼格局加煞會無法補救。會照殺破狼刑傷加四煞、空星個性倔強或破相。四煞、天刑、化忌勞獄災，再加殺

破狼命堪慮。

天同、太陰、殺破狼想多做少。天刑、化忌、陀羅、殺破狼以上容易有車關。

夫妻宮廉真、殺破狼、文曲，做小同居為宜。

夫妻宮殺破狼（主變動主是非）不專情、三台八座、龍池鳳閣，或見單星（如左輔、右弼其一）都有重疊作用易有第三者。

子女宮會照殺破狼刑傷加四煞空亡，認乾小孩個性倔強或破相。

殺破狼喜改變事業無毅力，容易失足下流。

破軍事業宮新事業因舊業而來或與舊業相同事業。七殺事業突然改變不同於舊業。貪狼事業慢慢改變於無形中改變。

殺破狼主變動，波動破軍大於貪狼大於七殺。

事業宮殺破狼加吉宜警察。

父母宮廉真化忌，武曲化忌，或加殺破狼白虎擎羊父母有危症或死亡或上司遭解僱不合。

14. 破軍（水）：辰戌丑未子午寅申 1（廟）巳亥 2（平）卯酉 3（陷）

命宮：破軍是耗星，消耗破損以爭奪破壞為目的。

破軍（先敗後成或先破後成），破軍吉化出外佳，但會先敗家產因破軍先破後成。性難明猜疑心重神精質，口

不擇言獨斷獨行是非多，重物質喜新厭舊，有開創領導能力主觀積極報復心重，愛冒險好驚險，投機喜變化腦筋靈活，標新立異不守成規，能發奇想出奇制勝，不安於室閒不住不耐靜愛往外跑好動，容易養成不良嗜好。想怎樣就怎樣不考慮別人率性而為，缺耐性不受約束。心不仁背厚肩寬行坐腰斜，為人奸詐有偏見，叛逆好爭奪，爭權有挫折感，人際關係不好被排擠會反抗不服。

宜軍職為先鋒衝鋒大將，性剛凶暴性狡詐寡合，孤傲好面子，果決，情緒化奔波勞碌，不重視外表勇猛衝動容易破相（七殺、破軍身宮或父母宮破相），喜改變現狀影響一生變動，破敗不守祖業接濟不及，破軍為火花暴起暴落，果敢開創突破變化一生波動大。

破軍有特殊的技能，精明點子多，是非不分，性急不宜合夥，個性矛盾喜怒無常，好面子不服輸，容易翻臉果斷多疑，前衛膽大冒險創新，求新求變不信邪，一意孤行多變又突發。武破，廉破，紫破是一樣的。

破軍不利六親也無緣，個性暴躁短視易衝動上當，尤其煞重時財耗感情易分手。破軍變化多端忽善忽惡、好時很好、壞時絕情六親不認。

破軍最不利六親，尤其是夫妻宮、子女宮、交友宮，子午宮的破軍最好。

廉真、武曲、貪狼、破軍加吉可善加煞可惡。

破軍刑剋配偶，為暗桃花星情變時不回頭。

破軍不利感情、錢財、剋配偶婚姻不美、子女子息少。

廉真、破軍代表血液。破軍、太陽，高血壓易中風。

破軍幼年濃血、破相疤痕與七殺相同。會七殺破軍容易意外有出血災禍。

幼年災禍多是地空、火星、七殺、破軍。

命宮事業宮七殺（文化）、破軍、天相生產業、建築業。

破軍有藝術氣息並有一技之長。

出外投資創業佳，宜建築貿易加工或二手屋、成衣或與舊的有關。

主星天機、破軍、貪狼加桃花星投機性事業非勞力得財，要見好就收免得破的更慘。七殺、破軍宜做業務事業坎坷。

辰戌丑未子午寅申廟旺，正直、忠厚、善良，開創有恆心毅力領導力。

貪狼、廉真、破軍性惡。天機、貪狼、破軍都會有橫發應見好就收。

天同、天梁、紫微、貪狼、破軍容易養成嗜好。

孤星是天梁、天機、擎羊、天刑、七殺、破軍。

孤剋星是七殺、破軍、紫微孤君、天梁、武曲比較不浪漫加點祿或桃花星（天姚除外）解孤剋。

破軍大限流年，去舊換新另謀新機，不離本行或出門旅行。

加紫微能使破軍有節制，另一說法是會貪淫。破軍加

天府為奸佞之人。

破軍加天機化忌心術不正鼠竊狗盜，天梁能解其惡。

破軍加巨門走到亥子丑宮水中作塚（水厄）不要去游泳。

破軍坐命放蕩無媒自嫁，防官非刑傷晚發，富而不貴有虛名。

身命宮破軍與貪狼入命（必為娼），好賭遊蕩情亂加空亡能使個性端正。

貪狼坐命七殺身宮或七殺坐命貪狼身宮，貪狼坐命破軍身宮或破軍（好動有不良嗜好）命宮貪狼身宮，加煞豪賭嗜色貪淫嗜酒如命。破軍加桃花星及煞多做雞鴨。天相永遠與破軍相對有相制作用。

破軍加煞、天相吉化財蔭夾印，則在家鄉發展好不宜出外。

破軍必遇紫微、廉真、武曲、貪狼、七殺。

破軍聽命紫微、化祿、祿存解其不良息性減低破壞性。

破軍有紫微、化祿、祿存幫助，其波動大於七殺，衝鋒冒險不相上下。

破軍敢衝刺加祿存命，例賣攤得利好幾百萬元。

破軍獨坐波動大加化祿、祿存主帥運籌帷幄，將在外君命有所不授獨斷專行一生必有一段凶厄風波轉變破敗停頓。

破軍喜祿存，戊年三方貪狼化祿解其狂妄自大。

破軍喜祿，不喜昌曲殘疾離鄉一生貧士。破軍加昌曲做壞事會堅持到底。

破軍加文昌奔波勞祿，破軍加文曲貧窮。

破軍叛逆橫衝直撞容易受傷事必躬親，有文曲化忌會水災。

破軍坐命事業宮必貪狼。破軍加文曲化忌會浪費。

破軍、天機，命宮事業宮兼差。貪狼事業宮、破軍坐命喜歡有變化挑戰性工作。破軍命宮疾厄宮容易結石。破軍文曲同宮都屬水容易水厄。

破軍加煞措手不及，容易有很大轉變破敗身體疾病。

七殺破軍坐命、貪狼身宮，加四煞羊陀火鈴及文曲容易有意外己年化忌尤甚。

破軍加天馬敗局淫蕩。加祿馬變遷不安於室企圖心大僥倖破敗，應該謀定而後動。破軍加陀羅橫發橫破。

貪狼、廉真、武曲、破軍羊陀湊巧藝安身，以上星分守身命宮也是。

破軍加火星或天梁加火星勞祿奔波，先敗加吉後成。

乙年太陰化忌、丙年廉貞化忌、七殺加火鈴、破軍加羊陀刑剋重，行運遇之對婚姻不利。加擎羊、陀羅、鈴星、破軍臉斑痕。

武曲、廉真、巨門、破軍、天相加火鈴癌機率大。

破軍加火鈴勞碌六親緣薄，與巨門化忌相同。

破軍加煞性衝動或壬年武曲化忌，破敗傾家事業停頓，

重複或退休無法推動，行舟入淺灘無法動彈。破軍加羊鈴功敗垂成會失敗，宜領薪上班族。

破軍煞重時不安於室，不耐靜，想怎樣就怎樣，不考慮別人率性而為，好作亂不受約束短視易衝動上當。

破軍加四煞奸詐凶惡人際關係不良易起衝突。破軍無四煞四化破壞性不大。破軍加天空未必凶。

辰戌宮破軍坐命不喜被管制、喜新厭舊、愛冒險開創，對宮紫相又來牽制脾氣更暴躁容易傷身。

破軍加空曜或會天機、天梁、七殺、破軍等孤剋星再加煞重入空門（未必和尚尼姑）或有宗教突破。

命宮、事業宮財帛空耗（大耗或耗星破軍）破財停滯，加四煞降職停職。

紅鸞中老年加擎羊、破軍、七殺血光之災。

天虛（陰火）助長破軍的凶，不利親緣婚姻為人隨便虛而不實。

天虛、破軍一個大限遇之一個流年遇之或兩著夾大限或夾，流年有喪吊之事發生。

癸年破軍化祿個性穩定點比較溫和不會背叛，但比較辛勞（能攻不能守喜左右），物質轉好必兼差財源不絕，歷經挫折破壞後，建設開創新局，去舊換新，不離本行，有利於意料之外的大改變，投機有開創性，但辛苦勞碌閒不住，對原來的收入無影響喜與人合作，三方貪狼戊年化祿也一樣。

破軍化祿有領導能力增圓融更多情，不利錢財感情，殺破狼主變動，加煞錢財流失，不宜大投資，利武職運輸及流動業。

癸年破軍化祿或加左右、化祿、祿存時會兼差。

癸年破軍化祿加煞機會少變動差事，或典當有小財辛勞晚成。

破軍化祿加地劫地空大波動，瞬間動搖根本，歷艱辛突破困境。

癸年三方的貪狼化忌機遇不滿意錯失良機，另一說法能習正。

癸年破軍化祿化權加吉增氣勢成就。

甲年破軍化權主導挑戰改變強勢，霸氣佔有慾強，但疑心病重，親力親為不溝通，寡情人緣差，六親無緣要先付出再回收，增領導開創能夠獨當一面，有發展賺錢財順但辛苦，宜稽核檢調武術運動而得獎。

命宮事業宮甲年破軍化權，武職工業冒險行業，如暴破導彈，無煞軍警刑政。

破軍化權沒有廉貞化祿好，廉貞化祿會投機與癸年破軍、化祿、祿存在福德宮或坐命公家厚祿。化祿化權加吉增氣勢成就。破軍化權加煞付出多回收少，煞多肉包子打狗一去不回一敗塗地。

戊年三方貪狼化祿喜美化的事務如室內設計，使破軍、貪狼賺錢比較輕鬆。紫微、太陽、武曲、廉貞、殺破狼、

自化權或遇化權有能力但霸道。

殺破狼（竹蘿三限）必三方見主變動，大起大落不穩定，現代未必不佳或許為轉捩點，每五年會遇到。行運殺破狼、廉破武不順心。

殺破狼坐命，第四大限必見凶星需小心。

身命宮殺破狼終是夭、見天馬更靈驗。

加殺破狼易意外災禍，命宮遷移宮一樣。

殺破狼廉貞武曲相會剋親，即行運走到殺破狼、廉貞、武曲與六親衝突不合，如坐命走到巨門更是。

殺破狼、丑未武貪、卯酉武殺晚發。老年遇殺破狼注意身體健康。

殺破狼加祿馬開創或名利雙收，限運更新祿馬對宮來合橫發一時。

殺破狼見左右厚道些但不敢衝。

左右遇同梁、機巨、武曲、殺破狼解孤剋。

太陰、廉真尤其丑未廉殺、天相、殺破狼、天同、巨門忌見昌曲感情不順不利婚姻。剛星＝武曲、廉真、殺破狼。

剛星在夫妻宮刑剋分離，尤其殺破狼（防不善終）

強勢星＝紫微、天府、太陽、太陰、武曲、巨門、殺破狼。

武星＝殺破狼、武曲、廉真、天刑、擎羊可軍職。

殺破狼時常更改初衷，三方見加火星陷地（申子辰）自縊投河自敗。

殺破狼格局加煞會無法補救。會照殺破狼刑傷加四煞、空星個性倔強或破相。四煞、天刑、化忌勞獄災，再加殺破狼命堪慮。

天同、太陰、殺破狼想多做少。天刑、化忌、陀羅、殺破狼以上容易有車關。

夫妻宮廉真、殺破狼、文曲，做小同居為宜。

夫妻宮殺破狼（主變動主是非）不專情、三台八座、龍池鳳閣，或見單星（如左輔、右弼其一）都有重疊作用易有第三者。

子女宮會照殺破狼刑傷加四煞空亡，認乾小孩個性倔強或破相。

殺破狼喜改變事業無毅力，容易失足下流。

破軍事業宮新事業因舊業而來或與舊業相同事業。七殺事業突然改變不同於舊業。貪狼事業慢慢改變於無形中改變。

殺破狼主變動，波動破軍大於貪狼大於七殺。

事業宮殺破狼加吉宜警察。

父母宮廉真化忌，武曲化忌，或加殺破狼白虎擎羊父母有危症或死亡或上司遭解僱不合。

國家圖書館出版品預行編目資料

知人善任──五行人相面面觀 / 鄧容著. -- 初版. -- 臺北市：
博客思出版事業網, 2024.07
面；　公分
ISBN 978-986-0762-80-8(平裝)

1.CST: 面相

293.21　113003768

術理系列4

知人善任─五行人相面面觀

作　　者：鄧容
主　　編：楊容容
編　　輯：陳勁宏
美　　編：陳勁宏
校　　對：楊容容、古佳雯
封面設計：陳勁宏
出　　版：博客思出版事業網
地　　址：臺北市中正區重慶南路1段121號8樓之14
電　　話：（02）2331-1675 或 （02）2331-1691
傳　　真：（02）2382-6225
E - MAIL：books5w@gmail.com或books5w@yahoo.com.tw
網路書店：http://bookstv.com.tw
　　　　　https://www.pcstore.com.tw/yesbooks/
　　　　　https://shopee.tw/books5w
　　　　　博客來網路書店、博客思網路書店
　　　　　三民書局、金石堂書店
經　　銷：聯合發行股份有限公司
電　　話：（02）2917-8022　　傳真：（02）2915-7212
劃撥戶名：蘭臺出版社　　　　帳號：18995335
香港代理：香港聯合零售有限公司
電　　話：（852）2150-2100　　傳真：（852）2356-0735
出版日期：2024年7月初版
定　　價：新臺幣300元整（平裝）
Ｉ Ｓ Ｂ Ｎ：978-986-0762-80-8